客户喜欢什么样的销售

任何人都能成为好销售吗

新销售到新公司如何实现突破

不同类型的销售如何和客户自信地交流

销售问题
速查手册

罗建军 / 著

U0314448

化学工业出版社

· 北京 ·

内 容 简 介

本书涵盖了销售中的众多应用场景以及目前市面流行的 B2B 销售方法论中的主要知识点，解答了销售人员在选择学习方法中的困惑。另外，本书还包含了近 200 个销售实战中碰到的问题，方便读者随查随用。

图书在版编目（CIP）数据

销售问题速查手册/罗建军著．— 北京：化学
工业出版社，2023.6
ISBN 978-7-122-42858-5

Ⅰ．① 销…　Ⅱ．① 罗…　Ⅲ．① 销售 - 手册
Ⅳ．① F713.3-62

中国国家版本馆 CIP 数据核字（2023）第 069488 号

责任编辑：罗　琨　　　　　　　　装帧设计：韩　飞
责任校对：王　静

出版发行：化学工业出版社（北京市东城区青年湖南街13 号　邮政编码 100011）
印　　装：三河市双峰印刷装订有限公司
710mm×1000mm　1/16　印张 21¾　字数 249 千字　2023 年 10 月北京第 1 版第 1 次印刷

购书咨询：010-64518888　　　　　售后服务：010-64518899
网　　址：http://www.cip.com.cn
凡购买本书，如有缺损质量问题，本社销售中心负责调换。

定　　价：68.00 元　　　　　　　　　　　版权所有　违者必究

推荐序言

>>>>>>>>>>>>>>>>>>>>>>>>>>>>>>>>

方法是人类最有价值的知识

接到罗建军先生的邀请，为其即将出版的新作《销售问题速查手册》作序时，我感到有些惶恐。一方面，本人虽然从事过多年销售管理工作，但始终感到自己是专业技术人员转型、半路出家的销售，相对于罗建军先生半生的职业销售生涯来说难免有班门弄斧之嫌。另一方面，罗建军先生近几年来一直从事企业销售管理培训、咨询方面的创业工作，潜心总结自己多年的销售管理经验，赋能诸多成长型企业销售体系建设，同时长期坚持个人公众号聚焦销售管理原创文章的维护和更新，其在理论研究方面的造诣，已是管中窥豹，可见一斑。本人能够受邀为其新著作序，深感荣幸！

销售是一门学问，2B（编者注：2B 是指 To Business，即指客户以企业为目标的销售）市场的销售有章可循，罗建军先生的新著是对 2B 市场销售方法审慎思考后的总结。过去的 20 年间，消费互联网快速崛起、蓬勃发展，诸多互联网平台在资本的加持下，涌现出共享经济、跨边效应等新的市场营销思维，形成了众多新的渠道布局与销售推广模式，批量获客、快速推广，成就了淘宝、京东、字节跳动等诸多优秀的互联网企业。曾经被广为追捧的方案销售、顾问式销售、价值销售等销售模式一度被束之高阁，无人问津。但面对消费互联网成功的喧嚣，我们应该清晰地看到，其背后的主要客户群是广大的个人消费者，有着与机构消费者截然不同的采购决策流程和决策方式，其组织决策的特点决定了，2C（编者注：2C是指To Consumer，即面对消费者的营销）市场的销售经验之于2B市场不可照搬，顾问式销售之于2B市场依旧有效。罗建军先生的新著，显然是对2B市场销售特点长期总结后的趋势判断。

罗建军先生的新著被定位为销售人的案头工具书，以超百个销售常见问题为主脉络来组织相关知识的归类撰写，这种一问一答的方式，罗建军先生开先河地做出了很好的尝试。书中所列出的问题，从销售入门到销售进阶，从销售技能到销售知识，都用经典案例呈现，非常有说服力，是适合2B销售人员全面了解2B销售的问答手册；也是销售管理人员日常个人查阅及团队提能的优秀教材；是理论、知识、方法、实践兼备，销售人员按图索骥的案头宝典。

方法是人类最有价值的知识！

放在ABCDI（编者注：即，Artificial Intelligence——人工智能；Block-Chain——区块链；Cloud Computing——云计算；Big-Data——大数据；Internet of Things——物联网）等一系列新技术快速发展和应用的今天，人类已进入后互联网时代，产业互联网走向时代发展的前沿，也成为众多消费互联网平台争相转型的方向。2B市场的销售之帆，依然离不开价值销售的锚，这注定了相关的销售理论、方法，将被赋予更多的时代使命。

董罡

中企云链联合创始人兼首席战略官

>>>

　　作为一个老销售在写这段文字时心里感慨万千，不知不觉在销售这条职业道路上已经走了20多年。回想起自己从销售小白成长为销售VP（副总监）再到今天的B2B销售咨询培训师的经历，就像放电影一样在脑海中不停闪现。

　　做过销售的都知道，不懂获客就没有成交，而获客除了方法以外，目标客户的精准画像是你获客的前提，我们可以回顾一下，在获客的道路上，我们的获客效率怎么样，曾经走过多少弯路。

　　除了获客，邀约是你迈入实质性接触客户的第一步，而传统的邀约方式就是给客户打电话甚至是不停地打电话，很多销售信奉"精诚所至，金石为开"这句话，但是邀约是包含内在逻辑的，你不懂客户的心理变化，邀约成功率就不可能有大幅度提升，很多销售都在邀约这个环节备受打击。

　　好不容易邀约成功了，见到客户又不知道如何和客户沟通，我看到过很多这样的场景：销售在滔滔不绝地讲产品，而客户则是一脸迷茫。初入行的销售，可能还没意识到：第一次与客户会面最重要的是对客户的判断和对客户产生的影响力。

所谓的判断就是销售在第一次见客户的时候，通过沟通要很快判定出客户目前所处的状态，客户到底有没有需求？没有需求你的销售动作是什么？有初步需求你的销售动作是什么？有竞争对手时你的销售动作又是什么？

那么，什么是对客户的影响力呢？我认为这是销售最核心的能力。如果销售对客户不产生影响，那意味着这位销售还没有真正跨入销售的大门，只有拥有影响和改变客户认知的能力，客户才会更有意愿配合你完成接下来的购买流程，甚至保持长期向你购买的习惯。

当你能去影响客户了，甚至是可以改变客户的一些想法的时候，就要开始考虑如何正确地用影响力连接你的产品、方案和服务；销售提案应该怎么做客户才会接受；怎么去做产品演示才能获得更好的效果；方案如何设计才能真正地打动客户。

当销售终于获得客户的认可，又会遇见客户砍价。你知道客户砍价背后隐藏的动机是什么？正确的报价方法应该是怎样的吗？

在作为销售的你认为可以顺利签单了，客户却说现在流程卡在客户高层那里，而你每次问客户，客户都说领导还没有反馈，在这个时候如何去见客户的领导以及怎么影响客户的领导又变得非常关键。

看似顺利的销售过程，销售合同却迟迟落不下来，因为客户的种种疑虑你还没有完全打消掉，那么有没有更好的办法来处理客户的疑虑，就成为你顺利成交的关键。

终于排除万难，客户说你来签合同吧，在你欢天喜地地去签合同的时候，客户的采购和价格谈判人员又有了新的坚持，面对他们的种种新要求你不知所措……

大客户销售中客户考虑最多的是风险问题，无论是技术交流、产品测试、案例考察，还是招（投）标活动，无一不是客户为了降低采购风险所采取的行动。你知道如何在这些销售活动中一步步积累自己的销售优势吗？

面对如此激烈的竞争环境，大客户销售就像一场战役，而你作为这场战役的指挥官，知道如何制定销售策略、协调资源，从而最后拿下大单吗？

销售是什么？

销售是一场体力、脑力和心力的比拼，到底什么样的人才能做好销售，有什么样的特质才能成为优秀的销售人员，大客户销售到底需要什么样的能力才能在竞争中获胜？

信任是销售的基础，没有信任就没有销售，怎么样建立和客户的信任？为什么有了信任客户还不和你签单？个人信任和组织信任是一样的吗？

销售是一场只有第一没有第二的战役，只有获得前置的竞争优势，才能事半功倍，真正迈入高手的行列。

我在多年的销售工作中接触了太多的销售从业者，面对他们的迷茫、困惑深有感触，他们需要指导，需要对 B2B 销售有一个全面的了解，当然也需要对销售树立正知正见的观念。

基于以上原因，我把多年对 B2B 销售的理解和实践总结成了这本书，希望这本书能给所有从事 B2B 销售工作的朋友带来帮助。

本书的内容有下面 3 个特点：

第一，本书包含了 B2B 销售打单中几乎所有可能碰到的销售场景，B2B 销售尤其是复杂的解决方案销售、项目型销售很难用线型的打单流程去归纳，所以从销售场景入手可以让读者了解到更多的销售细节。

第二，本书基本上对目前 B2B 销售理论界的销售方法论都有涉及，并且重点说明了其应用的场景，这样就为 B2B 销售指明了一个学习的方向，避免了 B2B 销售在学习过程中面对销售方法论的选择产生困惑。

第三，本书的内容涉及理论、技巧、经验、案例、问答 5 个方面，属于实战性、落地性、可操作性很强的书籍，书中总结的问题是 B2B 销售在打单中都会面临的实战问题，从业者们可以把本书当作问题查询手册，来帮助销售答疑解惑，提高销售的战斗力。

书中内容难免有所纰漏，欢迎广大的 B2B 销售、B2B 销售爱好者、B2B 销售培训师给予建议和指正！

罗建军

目 录

第二章

销售技能

第三章

销售知识

第四章
销售策略

>>

第五章
销售面试

第六章
销售案例

第一章

销售入门

Chapter I

在本章我们将重点介绍大多数刚从事销售的朋友们所关心的问题，分别从理解销售、好销售具备的条件、转型销售、新销售的困惑、销售与心理学、大客户销售、销售沟通、销售日常、销售与业绩、销售正见等10个方面来给大家详细介绍，这部分内容有助于大家对销售概况有一个了解，同时也为阅读后面的章节打下坚实的基础。

第一章
销售入门

Chapter I

❧ 第一节 理解销售 ❧

为了更好地理解销售，在本节中我们从什么是销售、销售的本质和销售的逻辑 3 个方面来给大家阐述，尤其销售中最赚钱的 B2B（即 Business To Business，企业与企业之间进行产品、服务及信息交换的营销模式）销售的一些原理性知识。

一、什么是销售

在众多对销售的定义中，我特别喜欢其中一种：

所谓销售，就是以商品和服务为媒介，以和客户建立信任为基础，进行需求匹配和价值输出并为公司带来收入的一场商务活动。

在这个定义中有几个关键词，将它们理解透了也就充分理解了什么是销售。

1. 商品和服务

销售中的商品形态一般有 3 种，分别是产品、服务、解决方案。

从销售的复杂程度上讲，卖服务难于卖商品，卖解决方案难于卖服务。所以，不同的商品形态需要不同的销售模式。

2. 信任

我们经常讲，信任是销售的基础，无信任不销售，销售要想售卖商品，必须以和客户建立信任为前提。

获得信任分为获得个人信任和获得客户组织信任，这主要是基于 B2C（即 Business To Consumer，直接面向消费者销售产品和服务的商业零售模式）和 B2B 的区别，B2B 销售除了获得个人（关键人）信任，还要获得客户组织信任。

3. 需求匹配

销售人员之所以能产生销售行为，主要是因为客户有需求，客户有需求才会有采购。

客户需求的产生主要是因为遇到问题，而问题是否要解决，取决于客户的痛苦程度，痛苦程度越深，影响的范围越广，采购需求越强烈。

所以，销售有一个核心的能力叫挖掘客户需求。

4. 价值输出

销售沟通也好、活动也好，其实销售所做的所有核心工作都叫价值输出。无论是产品演示、技术交流，还是需求了解、提供方案，都是为了更好地做价值输出，只有客户感觉到有价值了，客户才会产生购买行为。

5. 收入

销售价值的直观体现，就是作为销售人员的你，能卖出产品，完成业绩，给公司创造收入，这也是销售存在的价值。

所以有句俗语叫作"销售交粮，天经地义"，话糙理不糙。

这就是销售，在完成售卖产品的同时来实现自己在公司的价值！

二、销售的本质

如果说商业的本质是交换，那么销售的本质就是有价值的交换。

首先，我们说说什么是价值。人们对于价值有很多种理解，我们用最简单的一种。公式如下：

$$价值 = 产品价值 + 销售价值$$

之所以用这样一个公式，就是要说明销售在营销工作中不能只体现产品的价值，销售一定要体现销售本身的价值，否则销售存在的意义会大打折扣。

在这里，我还希望所有做销售工作的朋友都要有一个清晰的认识：产品价值越高，销售能体现价值的地方就越少，这是个不争的事实。

其次，我们要清楚怎样去体现销售的价值。为什么这样讲呢？因为客户对你所能提供的价值有一个感受和认知的过程。从某种意义上讲，销售的工作就是帮客户建立客户认知或者改变客户已有认知的过程。

（1）沟通传递价值。从销售工作整体来讲，销售工作就是一次次不断沟通活动的集合。作为销售人员的你，在每一次沟通中，其实所做的大部分工作都是在向客户传递价值，只有客户感觉到价值了，才会有进一步购买行动。

（2）演示展现价值。价值传递中，最重要的就是要客户认识到你所销售的产品的价值，这也是销售工作的第一步。产品价值也是建立客户认知的基础。

（3）方案提供价值。之所以有方案，就是因为有些时候仅靠产品展示不能够或者是不完全能够向客户展示价值，所以方案是产品的延续和补充，这里面涉及商品的应用复杂性等问题，价格越高、应用越复杂以及无形产品越需要靠解决方案来完整地提供价值。

（4）案例证明价值。百闻不如一见，客户更愿意相信自己亲眼看到的，这就是销售过程中案例的作用。只有案例才能证明你曾经给其他客户提供过价值，以前有人用过，客户才会相信，毕竟大多数客户都不乐意做实验品。

（5）收益分析价值。客户真正下决心购买前，往往需要知道此次交易中他能得到多少收益，换句话说，销售一定要学会帮客户算账，这也是销售的一项重要技能。

（6）交换。最后我们说一下交换。所谓"交"，用我们销售的语言来解释，就是找到目标客户、了解需求、找到关键人的工作；所谓"换"，就是建立信任、传递价值、消除风险、打消购买疑虑，直到最后成交的过程。

所以，这里面就涉及交换的几个关键环节。

① 找到目标客户。就像打仗要找到敌人一样，销售人员要想卖出产品就必须要找到目标客户，只有找到目标客户才会找到销售对象。

② 找到关键人。所有的销售工作都是围绕着人来展开的，所以光找到客户还不行，还要找到具体的负责人，细分下来包括业务负责人、技术负责人、决策人等。

③ 了解需求。找到具体的销售对象以后，我们要了解对方的想法和需求，了解购买方已使用的产品是否能满足和匹配现在的需求以及是满足全部需求还是部分需求。

④ 建立信任。销售过程中，建立与客户的信任关系是销售的第一要务，只有客户信任你了，你才能更好地展开后面的销售工作，所以信任是销售基础。

⑤ 获得优势。销售需通过我们上面所讲的一系列价值传递活动，建立我们的独特优势或者差异化优势，从而获得相较于竞争对手的整体优势。

⑥ 打消疑虑。客户没有成交，必然心存疑虑。作为销售人员，我们须消除客户对我们的疑虑，比如是风险大还是价格高，抑或是服务问题等。

⑦ 签单。让客户和我们愉快地成交，过程顺畅的成交会让客户的购买忠诚度更高。

三、销售的逻辑

讨论销售的逻辑，其实就是要回答以下 5 个问题。

（1）客户为什么会购买？

（2）客户为什么现在购买？

（3）客户为什么向我（注：此处"我"指销售人员）购买？

（4）客户会不会继续向我购买？

（5）客户会不会介绍其他客户向我购买？

如果这 5 个问题清楚了，销售的逻辑也就清楚了。这些也是国外知名公司，如 SAP（思爱普）、微软、ORACLE（甲骨文）、IBM 等大公司的销售人员时刻都会思考的问题。

前 3 个问题说明了客户的购买逻辑，后 2 个问题回答了销售的客户服务问题，5 个问题构成了完整的销售逻辑。

（一）客户为什么会购买

客户产生购买行为其实是源于追求快乐、逃避痛苦的本能。

通俗一点讲，就是客户有了问题，如果问题不解决会给他造成一些影响，如果影响不大，就可以勉强凑合，如果影响很大，就要考虑解决问题，要解决问题就会产生购买需求。

这就是有问题、有影响产生的购买。

（二）客户为什么现在购买

客户为什么现在购买（在不考虑购买能力的前提下）？肯定是客户着急用；客户为什么着急用？因为感受到痛苦了。

如果客户现在不想购买，是因为客户的痛苦感受还不够深。

所以，如果客户有了问题，这个问题对生活产生了影响且让客户感觉到了痛苦，就会产生刚性需求，这就回答了客户为什么要现在购买这一问题。

（三）客户为什么向我购买

此问题的回答核心是 3 个条件。

1. 价值

我给客户带来的价值够不够？这是销售人员首先要思考的一个问题。无法满足需求和不能给客户带来价值的商品，客户是不会购买的。

2. 风险

客户和你合作，会考虑是否产生个人风险和组织风险。有风险则客户不会考虑你；没有风险且还有价值和利益，客户当然会和你合作。

3. 价格

客户选择你的产品之前，肯定要评估你的价格是否合适，是否突破了他的心理预期及预算。价格合适与否除了考虑心理预期和实际购买能力，还要看看投入产出比，有时候投入产出比高，价格高点也无所谓。

总之，客户若是和你合作，可以达成投入产出比高、风险小的目标，那么当然会产生成交。

（四）客户会不会继续向我购买

这个问题，其实涉及的是客户服务的阶段。客户购买了你的产品，你的服务很好，客户有了问题你能及时解决，不给客户带来麻烦。简单讲，就是把事做好，把人做好。要具有同理心，设身处地地站在客户角度去想问题，和客户做朋友或者与对方成为真正的利益共同体。如此，客户如果有二次或者重复购买的需求肯定还会找你合作。

（五）客户会不会介绍其他客户向我购买

关于这个问题，你可以这样想：客户帮你是人情，不帮你是正常。如果你和客户相处光是人情没有利益，坦白讲，转介绍的机会即使有，也不会特别多；如果除了人情还有利益，形成利益共同体关系，那么转介绍的机会会多很多。

第二节　好销售具备的条件

刚从事销售工作的人都很想了解何为最好的销售，好的销售人员一般都具备哪些特质和条件，以便自己比照着去评估自己是否适合做销售。在本节，我们从什么样的人适合做销售、客户喜欢什么样的销售、成熟销售有哪些特征这三个方面来给大家介绍。

一、什么样的人适合做销售

不同的行业差异性大，所以并没有一个统一的标准来定义每个求职者是否适合做销售，但是好的销售有以下几方面的共同特质可供大家参考。

1. 学习力

销售的必备能力是沟通，沟通的最终目的是影响，影响的前提是了解需求，而对需求的了解需要销售有一定的专业知识。

所谓专业知识，就是与客户相关的知识，包含但不限于客户所在行业的专业知识等，而要具备这些知识就需要不断学习。一个爱学习，有学习力的销售，他的专业能力不会差，而专业能力就是好销售和客户有效沟通进而对其购买需求产生影响的基础。

2. 同理心

销售有了专业知识，可以做到和客户顺利地沟通，甚至还可以往成交的方向去影响客户。但是从建立信任的角度来说，同频才能共振，同理才能交心。

所以，具备同理心是销售和客户建立信任关系的先决条件。只有具备同理心，销售才能更关心客户的难处、需求以及问题未能得到解决对客户带来的影响。

3. 成就感

销售的成就感可以体现为两种，一种是赚钱欲望，一种是获奖或成功的渴望。

好销售都对赚钱有着强烈的欲望。好销售也对成功有着强烈的渴望。他们不仅想要赚钱还要做销售冠军，而且想要持续地做销售冠军。

4. 自驱力强

好销售都具有很强的自我驱动力（即，自驱力），他们可以自主去做开发新客户、建立优势、成单等一系列销售行为，好销售都会努力地想尽办法将工作做到最好。

其中，同理心和自驱力这两个因素相互制约。

同理心够，自驱力不强，销售会长时间不签单或者只签小单。

同理心不够，自驱力强，销售会经常丢单。

另外，学习力的强弱也会决定销售签单的速度，赚钱的欲望和对成功的渴望会给销售业绩带来稳定性。

二、客户喜欢什么样的销售

通俗讲，客户喜欢能给他们带来利益的销售。

没有一个客户会喜欢不能给自己带来利益还经常打扰自己的销售。

所以，如果你想让客户喜欢你，要提高的地方确实还有很多。

1. 同理心强

哪个客户都会喜欢感同身受的销售。现在的整体市场环境越来越规范，靠旧式的回扣式捆绑是做不长久的。

2. 专业性强

没有客户会不喜欢专业的销售。作为销售，如果你不懂客户的业务，就不能理解客户的问题，和对方交流也会出现障碍。销售只有自己的专业性强，才能获得客户的信任。没有信任何来喜欢？

3. 风险意识

作为销售人员，客户和你合作，站在客户的角度思考这次交易，你会发现在交易完成之前甚至之后都存在一些不确定性。所以，在销售过程中，你是否了解了客户担心的风险在哪？你又有哪些办法和方法帮助客户规避那些可能出现问题的地方，让客户安心、放心？

所以，合格的销售人员必须有帮助客户规避风险的意识。

4. 服务意识

市场竞争日益激烈，商品的差异化越来越小，只有提高对客户的服务意识，才能维系好客户。服务意识不是简单的电话问候，要能急客户之所急，要能为客户解决实际问题。

5. 成本意识

不要想着一口吃成个胖子，也不要想着只在一只羊身上薅羊毛。客户有成本方面的困难时，销售人员一定要对客户的成本作出正确评估和判断。无论合作与否，销售人员都要把人做好，把事做到位。

三、成熟销售有哪些特征

销售人员的成熟，与他为人处世方式的改善有着很大关系。

我们一般对成熟的理解，就是不以主观意志为转移，而以客观事实和规律为判断依据的为人处世的方法。

销售的成熟就是尊重销售的客观规律，以信息和业绩为基础的一种工作态度。

销售的成熟一般表现在以下几个方面。

1. 见客户不恐惧

销售成熟的第一个表现是：见客户不恐惧。

可能有人会说，销售的工作不就是每天见客户吗？这有什么可恐惧的？其实这种理解是不对的，销售人员尤其是新手，由于专业知识储备和销售经验的不足，见客户不知道怎样去交流很正常。这个阶段销售是害怕见客户的。

具体包括：不敢约客户；不敢见客户；不敢演示产品等。

2. 遭拒绝不气馁

销售成熟的第二个表现是：客户拒绝后不气馁。

其实，销售被客户拒绝是一种常态，尤其是电话销售。随着销售技巧的提高，销售被拒绝的概率会慢慢降低。这只是一个概率问题，完全不被拒绝的销售是不存在的。

3. 有竞争不害怕

销售成熟的第三个表现是：有竞争不害怕。

销售过程是存在竞争的，没有竞争就能拿单的情况是很少的。

4. 成单后有总结

销售成熟的第四个表现是：成单后有总结。

销售工作是需要不断反思和复盘的，成单后要总结自己在这一单操作中可取的地方，逐步形成自己的打单方法和模式。

5. 丢单后有反思

销售成熟的第五个表现是：丢单后有反思。

销售要认识到，丢单是一种正常的行为，没有常胜将军，只要在丢单后总结经验和教训，逐步提高自己打单技能就可以了。

6. 得到销冠不骄傲

很多销售，得到销售冠军后看不起同事，不服领导管理，让自己的职业生涯遭遇到一些不必要的挫折。所以，销售成熟的第六个表现是：得到销冠（销售冠军的简称）不骄傲。

第三节　转型销售

本节内容回答了想从事销售工作的人最关注的 4 个常见问题：

（1）任何人都能成为好销售吗？

（2）是否适合做销售和性格有关系吗？

（3）技术如何转销售成功率更高？

（4）产品型销售转型项目型销售的注意事项有哪些？

这些问题的出现是源于对销售工作的不了解，我们将在下文正面回答这些问题。

一、任何人都能成为好销售吗

对于这个问题，我的回答是：不能！

好销售要具备 2 种欲望、3 方面素质、4 方面专业知识。

（一）好销售要具备 2 种欲望

1. 赚钱的欲望

没有赚钱欲望的销售不会成为好销售。

2. 成功的欲望

销售意味着要和对手去竞争，只有战胜对手，才能获得成功。所以，不喜欢竞争的人也不适合做销售。

（二）好销售要具备 3 方面的素质

1. 勤奋

勤奋是成为好销售最重要的素质。不勤奋也能赚到钱的销售是不存在的，好的业绩和勤奋的工作成正比。

2. 爱学习

爱学习的销售通常业绩不会太差，这里的"学习"包括学习产品、行业、销售等各方面知识。

3. 谦虚

踏踏实实地谦虚做人、积极做事，是成为一名好销售的另一项重要素质。

（三）好销售要具备 4 方面的专业知识

1. 产品知识

这是一名销售人员必须要具备的专业知识，包括产品的功能、特点、价值点等。

2. 客户知识

这方面的知识包括客户是如何经营业务的、客户的组织是怎么设立的、你的产品哪些客户会用到等。

3. 行业知识

这方面的知识包括客户的行业背景、行业地位和可以影响客户所在行业的各种关键因素等。

4. 竞品知识

这方面的知识包括：同行业中有几家竞争对手？这些竞争对手各自的特点是什么？已方产品和竞品的差异化在哪里？

二、是否适合做销售和性格有关系吗

其实，是否适合做销售和性格有一定的关系，但并不绝对，内向型性格的人具有很多优势，只要运用得当，同样能成为顶级销售，为公司带来极可观的销售业绩。

销售界曾经有个奇怪的现象：人事部门在招聘销售的时候，

会被销售部门主管告知性格内向的面试者不要，A 型血的人也不考虑，最好是 B 型血，因为 B 型血的人外向、热情，善于和别人打交道，甚至有的公司更是直接把这些限制标注在招聘启事上。

（一）内向型性格和外向型性格对销售的影响

销售的工作可简单分为效率型销售和效益型销售（再简单点分，就是产品型销售和大客户销售）。这两种销售由于模式不同，所以需要销售人员具备的素质也不同。

效率型销售由于项目的签单周期短，需要在 1 ～ 3 次拜访后就签下订单，所以对销售人员的沟通能力以及外在感染力的要求就比较高。外向型性格的人一般都具有上述这些素质。

效益型销售由于项目的签单周期长、金额高、竞争复杂等特点，对销售人员的逻辑思维、耐心、抗压能力以及获取客户方长久信任等方面有着更高的要求。而这些特征是内向型性格的人普遍具有的素质。

这里我要表明一个观点：内向型性格的人并非不善于沟通，只是更注重表达的方式，逻辑思维更严谨；但是从沟通能力及外在感染力的角度来说，外向型性格的人的确会表现得更好一点。

（二）不同销售模式需要销售人员具备的核心能力

经过多年的观察和总结后，我发现：价格低廉、应用简单的产品对销售人员在短时间内激发客户购买兴趣的能力要求高。这里针对销售人员的核心要求就是口才好、热情、感染力强、场景化能力强，能够促使客户在短时间内作出购买决定。这种销售模式适合外向型性格的人，比如化妆品导购、火车上的商品销售等。

针对价格高、价值大的产品或者项目，由于客户从需求形成到方案评估，再到价值和风险评估都要花费较多时间，因而整个产品或项目需要较长的销售周期。而这种销售模式需要销售人员有较强的分析能力和逻辑判断能力。在销售打单中，销售人员在讲产品、讲方案、讲标过程中体现出的逻辑表达能力尤为重要。所以，从对销售人员的能力以及素质要求来看，通常情况下，内向型性格的人更合适大客户销售，外向型性格的人更适合"短平快"的产品销售。当然，我们不能一概而论。无论是内向型性格还是外向型性格，其实都可以通过工作实践去调整，这样的例子也比比皆是。

三、技术如何转销售成功率更高

技术转销售的情况很常见，我就是从技术转为销售的。

首先，技术转销售要分析其转行的具体原因，即，你为什么转销售？

我碰到的情况有以下 3 种。

（1）我本人的情况。

我最早是搞技术的，即，帮助客户现场解决具体问题。

我转做销售的初衷是想提升自己。首先，我希望能够提升自己的社交能力；其次，希望自己以后可以往管理层方向发展。

（2）我同事的情况。

2008 年，我在一家国内的管理软件公司做大客户销售总监，公司老总告诉我有一个内蒙古分公司的技术人员想转销售，并且想到北京来发展。

这位技术同事有着典型的外向型性格，本身所具备的销售潜质很好，但是他从外地初来北京，在这座城市里没有任何人脉、资源。

但是老总认为他在集团内部有一定人脉，可以让他试一试。而且他转做销售的意愿很强，自身也有一定的技术背景。

（3）我朋友的情况。

我的一个朋友原是技术开发人员，后来觉得技术工作枯燥乏味，就想转做销售。后来倒是得偿所愿了，但是他又承受不了销售人员的业绩压力，于是干了没多久又转回做技术开发去了。

由此可见，技术转销售的过程并不容易。

那么，技术人员想要转型做销售，具有哪些能力会相对容易呢？

（1）客户资源的储备能力。

对销售人员而言，最重要的当然是客户资源。有了客户资源，销售人员干活就会有明确目标，做到事半功倍；没有客户资源，销售积累自己的 ABC 客户（注：一种客户分类法。A—关键客户；B—主要客户；C—普通客户）就需要花费很长时间。

（2）销售能力。

销售能力也是销售管理者在招聘新人时重点考察的一项内容。面试者的其他方面再好，没有销售能力也是白搭；否则销售管理者会很辛苦。

销售能力的培养也不是一朝一夕的事，尤其是大客户销售，没有 3～5 年的时间很难培养出来。

（3）技术背景。

如果上述两方面的素质都不具备，但是有很好的技术背景，比如有大公司工作经历、较强的技术实力等，也是可以一试的。

那么，技术人员转做销售的最好方式应该是怎样的呢？

（1）内部转岗。

这种转岗方式一般会比较容易，大多数公司也会有这样的规定。只要公司内部技术和销售两个部门之间沟通顺畅，一般都可以成功转岗。

（2）熟人推荐。

如果没有熟人推荐，一般技术人员很难入职新公司的销售岗。

找熟人推荐，首先要看推荐人自身实力如何，这是与他的推荐成功度成正比的。另外，面试者自己一定要做好准备工作，比如和介绍人沟通充分，详细了解面试主考官、面试公司、面试岗位等情况。

（3）毛遂自荐。

这种方式需要面试者有很强的自信，知道自己的独特优势在哪里，最好是用自己的技术实力做敲门砖，让销售管理者清楚自己能够为他及整个销售部门带来助益。

四、产品型销售转型项目型销售的注意事项有哪些

有个朋友从产品型销售转型做项目型销售，在实际工作过程中碰到不少困难。他感到很困惑：项目型销售为什么这么难做？

其实，这是常见的销售转型问题：产品型销售需要的是效率和勤奋，而项目型销售更多的是需要整合各种资源、解决客户的具体需求问题。

接下来我们将对此类转型过程中的注意事项逐一进行分析。

（1）项目型销售更偏重于解决客户在整个项目中的具体需求问题。客户对于自己想要什么，或许一开始并不是很清楚，这就需

要不断和供应商的销售人员沟通、交流。随着交流的不断深入，以及对自身情况的理解，客户才会对需求越来越明确。产品型销售所面对的客户需求则没有这么复杂，客户在采购立项时基本上对自己的需求已经有了比较清楚的认识。

（2）项目型销售的打单优势是需要多个流程或环节的积累，比如技术交流、需求调研、产品演示、案例参观、招（投）标活动等。在这些环节中，产品演示只是其中一个环节。与此相对应的是，产品型销售主要还是依靠产品演示去激发客户的购买兴趣，流程和环节不似项目型销售的打单流程那么复杂。所以，产品型销售在向项目型销售转型的过程中，对于如何控制好项目的各个流程和环节，需要重新学习；而刚转型的销售人员去理解这些复杂的流程和环节是需要时间和过程积累的。

（3）项目型销售的客户关键人要比产品型销售多。产品型销售的关键人也就 1～2 个，销售人员只要盯紧这 1～2 个人做工作就可以了。但是项目型销售的关键人一般会有 3～5 个，有的复杂的大项目甚至关键人更多。关键人多了，对项目的各种看法也会多起来；项目型销售去激发客户兴趣、为客户建立认知标准不易，改变其认知标准更不易，因而也对销售人员的沟通能力及专业知识储备提出了更高要求。

另外，项目型销售还要考虑客户关键人在公司内部的人际关系。客户的公司规模较大，关键人之间会有各自的利益关系网，项目销售在销售过程中要弄清楚这些关系，否则有可能给自己的工作带来麻烦。

（4）项目型销售所面对的多数客户项目都有立项过程。客户一般会通过立项解决资金的问题，因为项目金额通常都比较大，客户都会先制订立项计划以及编写研究分析报告，因而立项本身就是一个漫长的过程。在这个过程中，项目型销售要帮助客户做很多工作，当然在做这些工作的过程中也会产生项目引导和控制方面的优势。

产品型销售一般不需要这么复杂的过程，因为采购金额不大，客户通过直接购买或者走部门费用就解决了。

（5）项目型销售一般都会经历较为复杂的招（投）标过程。从客户发标书，销售和技术人员去与客户就其具体需求进行沟通，一直到撰写标书、参加投标会，都是一个耗费公司各种资源的过程，项目销售要为之投入很大的精力。

在招（投）标过程中项目销售不仅不能有失误，还要想方设法获得客户以及招（投）标评委的支持，这样才有希望中标。而产品型销售则没有这些经历，所以产品型销售转型为项目型销售后参与的第一次招（投）标，会有些不知所措，这是一个正常的反应。

项目型销售所面对的这些复杂的过程和客户需求，对面临转型的产品型销售来讲，需要一个长期的适应过程。

第四节　新销售的困惑

本节将重点解答刚从事销售工作的销售新人们的一些困惑。这些困惑包括：刚从事销售工作你要明白哪些道理；新进一家公司，销售面临的最大挑战是什么；新销售在新公司如何实现业绩突破以及做销售坚持不下去的原因是什么。

一、刚从事销售工作你要明白哪些道理

初入销售行业的销售新人朋友们，一定要明白以下 3 个基本道理。

1. 选择大于努力

人生是一个不断选择的过程，销售工作也是如此。

初做销售一定不要盲目进入某个行业，要慎重，要多听听行业内前辈的建议，会让你事半功倍。

最好不要踏入一个夕阳行业！夕阳行业中销售的竞争环境已非常激烈，新销售想在这些行业里取得较大的成绩，往往会需要付出更多，尤其是时间成本，但时间对销售的成长来说非常宝贵，所以新销售们在自己年富力强的时候一定要选择朝阳行业的销售工作。随着社会以及科学技术的发展，作为朝阳行业的销售，无论从个人回报还是经验积累以及后期的职业发展来看，都是夕阳行业无法比拟的。

销售一定要有自己的职业规划，每个阶段的选择最好和自己的职业规划匹配。

2. 平台大于能力

一个好的平台或公司如同一个好的品牌，能让你学到系统化的知识，也能为你以后的发展打下坚实的基础。这就是大公司、大平台的好处。

但同时，大平台也会掩盖住销售的能力短板，曾经有很多从外企或者大企业离职的销售，在原来平台的基础上业绩做得不错，但是到了新环境却往往"折戟沉沙"，根本原因就是错把平台实力当成自己的个人实力。所以，做销售一定要对自己有准确的认识，要

清楚自己的优势和不足。

3. 坚持大于聪明

很多销售冠军确实都是"熬"出来的。如果说一名销售在每个工作过的公司或行业都是销售冠军，那么这名销售一定会成为一个传奇。这样的销售故事，我建议大家不必当真。销售工作本身虽然也有科学的方法和体系做支撑，但是依然会对勤奋和坚持等这些个人素质有很高的要求。

初做销售的朋友一定要注意以上这3点，如此，可以让你以后的销售之路顺利一些；也可以让你的销售职业生涯少一点坎坷、多一点幸运。

二、新进一家公司，销售面临的最大挑战是什么

新进公司的销售新手，所面临最大的工作挑战有3个；只有战胜这3个最大挑战才能进入职场上升期。

1. 出单

能够在考核期内出单，是公司对于新销售的最大期望，当然也是新销售最迫切的愿望。

新销售想在考核期内出单，主要应在两个"量"上下功夫：一个是拜访数量，另一个是拜访质量。新销售没有这两个"量"很难出单，所以"量"是新销售出单的基础。

2. 转正

由于所处行业和各自企业规模不同，各个公司对新销售的考核

内容也不太一样。复杂产品或者项目型销售占主导的公司，由于签单周期长，往往对新销售在试用期内的考核体现在发掘线索和商机的能力上；而一般的公司还是以签单作为转正的关键指标。

同时，其工作态度和成长潜力也是各个公司对新销售的考核重点。所以，新销售一定要记住：勤勤恳恳做事，踏踏实实做人。

转正代表你成为公司正式员工。无论是本部门重视程度，还是各方面资源分配，相较于试用期都会有所提升，接下来就该考虑如何更好地完成销售任务了。总体来说，大项目的考核周期长一些，小 B 客户（即小型主要客户）的考核周期短一些。

3."活"下来

新销售转正后最大的问题变成了怎么"活"下来。此时新销售要考虑如何完成自己的销售任务，自己要实现哪些技能方面的提升以及如何获取和积累公司内外部资源和人脉关系。

新销售只有"活"下来，才有可能更好地完成业绩目标。

新销售只有顺利战胜这 3 项挑战，才能在公司得到更好的发展。

三、新销售在新公司如何实现业绩突破

一个销售新人或是刚到一个新环境的销售如果想快速实现业绩突破，一定要做好以下几方面的准备工作。

（1）在了解你公司及产品的基础上，详细了解产品的功能价值，简单讲就是该产品对客户而言，能够满足对方的哪些应用场景以及为对方带来哪些便宜。

在销售的准备工作中，了解产品是第一位。你只有详细了解产品的功能价值点，在销售过程中才能向客户准确传递产品的价值。

大多数公司的销售培训只限于产品功能方面的培训，这对于销售新手来讲是不够的。如果公司没有关于产品价值点、应用场景、案例等的培训，销售一定要自己主动学习这些知识。只有把这些弄明白了，销售在面对客户时才能做到有的放矢。

（2）绘出目标客户的精准画像。销售只有对目标客户作出精准定位，在找客户的时候才不会做无用功。有很多新销售都是因为无法准确定位目标客户从而无法完成业绩被淘汰。

（3）做好4方面专业知识的储备，即产品知识、客户知识、行业知识、竞品知识，这是销售在和客户交流时应具备的基本专业知识，也是准确了解客户需求进而影响客户购买动力的决定性因素。

（4）对公司介绍、产品演示及案例描述能做到侃侃而谈。这需要多次、大量练习，也是作为销售人员所需具备的最基础的表达能力。

差异化的公司介绍能够让客户对你印象深刻；熟练的产品演示可以准确传递产品的核心价值；富有感染力的案例描述可以激发客户的购买兴趣。

（5）准确识别成交客户的关键销售动作，提高拜访客户的质量，达到每次拜访的目标。关键销售动作是提高销售转化率的重要因素，也是实现业绩达标的关键环节。

争取1～2个月内完成这些工作，你就会比80%的新销售快了一步。在此过程中要多和领导沟通，多向业绩好的前辈请教。

入职后的前3个月对新销售很重要，一定要大量学习、大量练习、多种渠道找客户，利用一切优质资源帮助自己实现业绩突破。

四、做销售坚持不下去的原因是什么

做销售感觉坚持不下去，主要有以下 3 方面的原因。管理者应学习如何处理销售人员的这些心理状态。

1. 赚不到钱

做销售长时间赚不到钱，自己的生活水平和生活质量得不到提高和改善，长此以往销售人员就会产生很强的挫败感。

所以在看到自己部门的销售很有潜力且自己又努力，只是销售技能还有所欠缺、无法匹配签单状态时，管理者有义务帮助员工实现零的突破。

建立信心、稳定情绪后，这些销售人员的状态就会越来越好。

2. 得不到成长

销售除了关心业绩，对于学习成长也是特别看重的，尤其是刚从事销售工作不久的新人。

销售新人都懂得，实现业绩突破和实力提升的前提就是提升自己，希望公司能为自己提供学习成长的机会。

如果销售每天压力很大，赚不到钱又得不到成长，就会被淘汰。

所以从管理者的角度来看，培训、辅导、文化导入都是管理工作中非常重要的部分，能够切实帮助新销售建立信心，实现业绩突破和业绩提升，进而坚持做下去。

3. 没有成就感

这种情况大多出现在老销售身上。老销售因为工作年限比较长，有时候会遭遇"职业天花板"，对工作丧失了激情，也失去了成就感。

此时管理者应该从以下几方面来激发老销售重燃工作热情。

（1）认为自己业绩很好且沾沾自喜的老销售，要帮他打开格局，重新调整目标。

（2）业绩好、有管理潜力的老销售，就要为其提供晋升的机会。

（3）厌倦销售工作、业绩一般的老销售，建议其调整岗位。

第五节　销售与心理学

销售人员要多了解、多学习心理学知识，这样才能更好地理解客户心理，做好销售。本节内容从销售人员如何告别销售恐惧症；不同类型的销售如何和客户自信地交流；销售丢单的原因分析及如何应对销售丢单挫败感；销售谈判时语无伦次怎么办，这4个方面来给大家解释销售碰到的心理学方面的问题。

一、销售人员如何告别销售恐惧症

无论是新销售还是老销售，销售恐惧症都一样存在，只不过是程度不同，"菜鸟"有"菜鸟"的恐惧，"小白"有"小白"的恐惧，"高手"有"高手"的恐惧。

以下所列都是销售恐惧症的具体表现。

（1）不敢给客户打电话，怕说不了几句就被对方挂断。

（2）不敢在公司里给客户打电话，怕被同事认为不专业。

（3）不敢约客户见面，怕被拒绝。

（4）怕见客户，见了客户不知道自己应该说什么。

（5）怕做不好产品展示，客户不给自己下一次机会。

（6）怕见客户高层。

（7）怕当着众多客户做演讲。

以上种种销售恐惧症的表现，销售们可能已经经历过太多次。那么，怎样才能摆脱销售恐惧症所带来的困扰？下面我们简述几种应对之策。

1. 做好专业知识的储备

只有自己的专业知识过硬，才能在约见客户时做到心里有数，无论客户问什么问题，自己都能应答如流。销售的专业知识不仅指产品知识，还包括客户知识、行业知识和竞品知识。

2. 掌握必要的销售技能

这些销售技能包括：预约客户的技巧、产品介绍的技巧、公开演讲的技巧、拜访客户高层的技巧等。销售技能的掌握需要销售人员不断地练习，即使理解了定义或名词，但真正将其变成自己的一项能力，还需要在实际销售工作中不断总结和提炼。

3. 提升行为素质和心理素质

要让自己变成一个气质独特、气场强大的人，要同时提升行为素质和心理素质。

行为素质中有两项内容很关键，一项是职业形象，另一项是商务礼仪。

心理素质的磨炼主要从建立自信做起，销售中一对一的自信主要靠专业知识和面谈技巧的积累，而一对多的自信需要在演讲中磨炼！

在销售中，专业知识是基础，销售技能是手段，行为素质和心理素质是内功。只有同时关注这 3 方面，你才能战胜销售过程中所面对的各种恐惧。

二、不同类型的销售如何和客户自信地交流

销售人员在和客户交流过程中要想体现出自信，应着重从以下 3 个方面提升自己。

（一）提升自己的专业知识水平

1. 产品知识

公司为销售提供的产品知识培训，至少要深入到以下 3 个层面：产品功能、应用场景以及客户应用后能得到的价值。

2. 客户知识

销售应掌握以下有关目标客户的知识：目标客户各属于哪个领域或者哪个行业；目标客户有哪些业务部门，这些业务部门是怎么工作的；目标客户的组织架构是怎样的；销售要找哪些客户关键人，这些客户关键人针对产品的关注点有哪些。

3. 行业知识

客户所处的行业是什么类型；该行业中的客户是怎样经营业务

的；该客户在行业内排名如何。另外，销售还应掌握，公司在这个行业内还有哪些客户，签单时客户看重公司的哪些特质等。

4. 竞品知识

己方的竞争对手有哪些；己方产品和竞品比较，差异化优势有哪些；客户一般更认可哪些优势，以及针对竞品己方的竞争策略是什么。

（二）不同类型的销售要不断磨炼自己的沟通技巧

第一种类型的销售叫我说你听型。

简单讲就是销售在说，客户在听。这种销售一般口才不错且对产品比较熟悉。

第二种类型销售叫你问我答型。

简单讲就是客户在问，销售在解答。这类销售属于解答型销售，一般对产品技术和专业知识理解得较好，乐于解答客户的疑问，从而得以获得客户在专业上的认可。

第三种类型销售叫我问你答型。

这种销售一般采用顾问式销售中的 SPIN 技巧（即：有关现状的询问；有关问题的询问；有关影响的询问；有关需求与回报的询问），即通过了解客户的现状、存在的问题和痛点并放大痛点，以达到获得客户认可的目的。这种销售叫顾问式销售，销售人员要达到这个水平，需要很强大的专业和业务能力。这种销售类型应该是所有销售人员努力的方向。

第四种销售叫"传教士"型。

坦白讲，这种销售极为罕见，需要销售在气场、能量、阅历、专业等各方面经过多年历练。

（三）调整自己的心理素质

提升自己的行为素质和心理素质，让自己变成一个气质独特、气场强大的人。行为素质和心理素质属于销售内功，需要长时间磨炼。以心理素质的磨炼为例，心理素质的磨炼要先从建立自信做起。

销售过程中一对一的自信主要靠专业知识和销售技巧的积累；而一对多的自信需要在演讲训练中得到提升！

三、销售丢单的原因分析及如何应对销售丢单挫败感

有销售必然有竞争，有竞争就会有输赢，销售不可能做常胜将军，无论输赢以平常心对待就可以了。销售被抢单后产生的挫败感属于正常的感受。销售丢单大体有以下几种原因。

（1）自身能力不足。

如果销售人员按水平高低分为五级，而你属于第一级，那么被比你级别高的对手抢单，这种情况不可避免。所以，销售应时刻牢记提高自己的销售能力。

销售人员在哪些方面的能力不足容易造成被抢单？后文我们会对该问题进行详细分析。

（2）资源不到位。

以 B2B 销售中的项目型销售为例，因为不是独立打单，需要有相应的资源予以配合。一旦销售的资源调配不合适或者得到的支持不到位，就容易被对手抢单。

资源不到位有两种情况：一种是资源错位；另一种是现有资源无法匹配项目需求。

（3）竞品差异化优势很强。

虽然竞品公司不如你们公司规模大，但是其在细分领域的销售

实力就是比你们公司强，比如同样是饮品类公司，竞品公司的奶业案例要远多于自己的公司，那么在奶类饮品的竞争中，竞品公司就容易胜出。这就是差异化优势。

（4）品牌实力不占优势。

若你们公司是一家初创公司，其品牌实力自然无法和国内或者国际知名品牌竞争，所以说，品牌的养成不是一朝一夕之功！

那么，如何战胜丢单后产生的挫败感？

（1）正确面对。

销售过程中有输赢是常态，无论输赢都要做好复盘工作，总结经验教训。

（2）能力提升。

一方面提升专业能力，另一方面提升商务能力。能力的提升会转变为自信的提升。

（3）找教练分析。

打单过程中，可以找教练帮自己分析策略和控单技巧，这样也会有效缓解挫败感。

（4）运用销售工具。

经验不足的销售可以通过导入销售工具来帮自己，比如机会判断工具、输赢分析工具等。

（5）经验交流。

多和同事在一起分享销售的成功或失败案例，从案例中吸取经验和教训。

四、销售谈判时语无伦次怎么办

销售尤其是新销售在和客户谈判时容易产生紧张情绪造成交

流过程中自己语无伦次。那么我们应如何来缓解进而克服这种紧张情绪呢？

我们需要先了解一下销售在谈判时产生紧张情绪的原因。

（1）业绩的压力。

新销售入职一家公司后总会感觉压力很大，因而在这种情况下，销售动作就会出现变形。

（2）签单成交的期盼。

销售希望通过签单回款来证明自己。

（3）领导的期望。

对普通的销售人员而言，有时候领导无意间的一句话、一个眼神都会对其形成压力，他们不想让领导失望，或者因为自己影响整个部门的业绩。

（4）赚钱的欲望。

对签约后提成的渴望，导致销售动作变形。

（5）陌生的环境。

每个人在面对陌生的环境时都会产生一种紧张感。对新销售来讲，陌生的谈判环境也是一种压力。

（6）陌生的谈判者。

在多数情况下销售面对的是陌生的甲方谈判者；销售对谈判者的谈判策略一无所知，碰上经验丰富的谈判对手更容易让新销售紧张。

那么，销售如何才能缓解谈判时的紧张情绪呢？在我看来，销售应明确以下几点。

（1）双方都有谈成的愿望。

新销售一定要知道：客户找你谈判，正是因为他想要争取更多的优惠条件和更低的价格。

（2）自己的产品和服务对客户有价值。

一个客户绝对不会购买对自己没有价值的产品。客户既然选择和你谈判，肯定是因为你的产品和服务对客户而言是有价值的。

（3）提前熟悉谈判环境和谈判对手。

销售应在谈判开始前尽量去熟悉谈判环境和谈判对手，比如上网查一查客户的资料和情况，实地去客户公司考察一下，或者和熟悉该客户的老同事交流一下客户的相关信息。

（4）做好谈判计划。

正式谈判以前，销售应做好谈判计划，明确哪些条款是可以让步的，且这些让步可以交换到什么，而哪些条款是绝对不能让的。这些都要一步步规划好并制订成谈判计划。

（5）不要指望一次谈成。

客户有自己的谈判策略，而新销售通常会表现得急于求成。客户也许会趁此机会中止谈判，进入延期谈判状态。此时，销售一定要明白这只是客户的谈判策略。

谈判是一场心理素质的比拼！

第六节　大客户销售

大客户销售只是 B2B 销售的其中一种形式，很多 B2B 销售希望对大客户销售的具体工作内容多了解一些，以便以后有机会从事大客户销售工作。本节从大客户销售工作有什么特征、大客户销售新人为什么难培养、大客户销售需具备的核心素质这 3 个方面来介绍大客户销售的相关基础知识，以便于大家对大客户销售有一个概括性的了解。

一、大客户销售工作有什么特征

所谓的大客户销售工作一般具有以下几方面的特征。

1. 客户的组织规模比较大

这种类型的客户一般都是位列行业内前 50 强的企业，且多数是经营多元化的集团公司。

2. 客户的决策流程比较复杂

在大客户销售的过程中，客户的决策流程一般不是单一决策，而是有着复杂的采购决策流程和体系。

3. 客户的关键人多

一般情况下主要分为 EB（Economic Buyer，决策人）、TB（Technical Buyer，技术关键人）、UB（User Buyer，使用关键人）。

4. 项目单值比较大

大客户销售所负责的订单金额从几十万元到上千万元不等，甚至有上亿元的订单。

5. 竞争比较激烈

大客户销售由于其所负责的客户绝大部分都属于优质客户，往往这些客户也是竞争对手的重点联络对象，这就造成大客户销售之间竞争很激烈。

6. 对销售的能力要求高

对具体销售人员的专业能力和商务能力要求比较高，这也是由大客户销售的打单模式决定的。

7. 团队作战

大客户销售需要和技术支持人员以及部门领导一起配合才能拿下订单。在打单过程中，整个团队分工比较明确。

8. 销售周期长

大客户销售的销售周期一般都很长，短则 3 ～ 7 个月、长则 1 ～ 3 年都很常见。

二、大客户销售新人为什么难培养

有个刚做了半年大客户销售主管的老朋友向我抱怨："老罗，我自己以前做大客户销售的时候，别管多困难的订单，我都有办法搞定。但是自从我做了销售主管以后，感觉带新人太难了。"

新销售为什么这么难带？其实这是一个非常普遍的问题，很多刚从销售一线提上来的销售管理者都存在这样的迷茫。

新销售难培养一般有以下几方面的原因。

首先，很多的销售管理者是由一线销售岗位提拔上来的，于是就出现了一些错误的习惯性动作：老销售由于在公司时间长、掌握资源多、业绩稳定，做了销售管理者以后，很自然地把自己的客户资源做了分配，但维护客户的工作还是自己来干。如此一来，新销售基本变成了销售助理，因而未聚焦对新销售找线索、邀约、客户兴趣激发等基本销售能力的培养和实践。

其次，从产品和服务的应用复杂程度来区分：不太涉及业务深度的标准化产品，销售会相对容易培养一些；而如果产品和服务的应用复杂、涉及业务多或者深，新销售的培养就会很难。

需要大客户销售新人掌握的知识有很多，不仅有销售技巧和产品方面，还会有行业知识、客户业务知识、竞品知识等很多方面的知识需要销售去掌握和了解。这样，销售培养周期就会很长。

有的公司会给大客户销售人员配备售前工程师，就是要弥补前者在专业知识方面的不足。

最后，从产品的价格和价值方面讲，价格高、价值大的产品，销售流程、决策关系等就会复杂，这也对销售提出了更高的岗位要求。

销售过程中有几个重要环节：找到目标客户；邀约；兴趣激发；建立信任；取得竞争优势。

价格高、价值大的产品和服务涉及的销售环节和流程还会更多一些，比如在取得竞争优势阶段就会有产品演示、技术交流、案例参观、方案讲解、公司参观、招（投）标等诸多环节，这也对销售的能力提出了更高的要求；另外，一般在此类销售过程中，客户的决策关系会很复杂，涉及的客户关键人也很多，销售人员面对的竞争对手同样也会很多。

如此复杂的情况下，销售须有特别强的商务公关能力和策略制定能力，而对这两方面能力的培养会需要很长时间。

销售新人的培养是一个系统工程，除了以上几个原因需要销售管理者考虑，还有招聘机制、训练方式、领导力、管理风格等，都需要销售管理者去了解。

三、大客户销售需具备的核心素质

我们在前文中探讨过，销售的核心素质包括：学习力、同理心、有成就感、自驱力强。除此以外，由于客户规模的不同、销售模式的差异化，也会对销售的素质有着一些不同的要求。

产品型销售必须勤奋。不勤奋就没有拜访量，没有拜访量就没有好的销售业绩。不同于产品型销售，大客户销售往往对销售人员的逻辑思维能力有着更高的要求。逻辑思维能力在这种销售模式中起着非常关键的作用。因为大客户销售项目往往竞争激烈、客户关键人多、销售周期长，对销售的策略制定能力有更高的要求，而制定销售策略的基础就是销售要具有很强的逻辑思维能力，如此才能更好地分析客户需求、分析竞争形势。

人的思维模式一般分为叙述性思维和逻辑性思维。具备较强逻辑性思维能力的人在描述一件事情时逻辑很清楚，也会让听者更容易理解和记忆。

销售管理者或销售总监在面试大客户销售人员的时候，一般会有一个环节，即请面试者描述一个物品是怎么做出来的，比如可以描述手机、电脑、茶具等，目的就是判断面试者的逻辑思维能力如何。确实，通过类似的测试可以发现，逻辑思维能力较强的销售对大客户销售中的策略制定理解得就会快一些；反之，叙述性思维更好的人则会稍慢一些。

逻辑思维是大客户销售进行策略制定所必须具备的核心能力。策略制定是指根据项目目前所处阶段、竞争形势、紧迫程度这3个维度，帮助销售人员更准确地分析目前的销售机会，以及己方目前所处的竞争状态，从而帮助己方制定更好的竞争策略。借助更优的竞争策略，销售人员才可以更好地调动资源去影响客户关键人，从而推动项目向着更有利于己方的方向发展。

第七节　销售沟通

　　销售沟通是指销售用具有吸引力的语言去影响客户。本节内容从产品的价值是销售的核心；销售如何与少言寡语的客户沟通；销售如何讲好故事这 3 个方面来阐述沟通在销售中的重要性。

一、产品的价值是销售的核心

　　销售过程就是销售人员将己方产品的价值传递给客户的过程。客户最后为之买单的是产品给客户带来的价值而不仅仅是产品本身的功能。初级销售在与客户沟通时往往会犯不做价值传递，只做功能讲解和价格输出的错误。

　　产品的价值可以体现为功能价值、品牌价值和销售价值这 3 种。

　　（1）功能价值。

　　顾名思义，功能价值就是产品的功能在客户应用产品后给客户带来的价值，也可称为直接价值。比如说，客户购买轿车后给自己的工作和生活带来很多便利，这就是轿车体现出的功能价值。

　　（2）品牌价值。

　　功能价值只是产品的显性价值；而品牌价值则是产品的隐性价值，往往代表的是荣耀、身份、地位。这就是几乎所有公司都会花大力气去打造公司及产品品牌价值的最主要原因。

（3）销售价值。

所谓销售价值，就是除去产品的功能价值和品牌价值，销售成单后，客户认可销售人员本身价值的部分。在一些价格高、应用复杂的产品销售过程中，销售价值往往会起到很大的促进客户购买的作用。比如，客户说："我认可你这个人，你关注我的需求和感受，我愿意和你合作。"这些就是销售价值的体现。

产品价值、品牌价值和销售价值三者之间存在着一定的关系，品牌价值和产品价值越强，销售价值就会被相对弱化。

所以说，一个企业其经营发展路径应该是：开始靠产品赚钱；中期靠销售赚钱；最后靠品牌赚钱。

谈价值必然离不开产品、需求、采购成本、价格这些因素。现在我们梳理一下价值和这些因素之间的关系。

（1）价值 - 产品。

产品是价值的载体，没有产品也就没有对应的价值；相应地，产品功能弱，产品的价值也会弱。

（2）价值 - 需求。

价值的体现是靠能否满足以及多大程度上满足客户的需求来实现的。所以，好销售会持续挖掘客户的需求，进而告诉客户，产品满足客户需求、给客户带来的价值有哪些。

（3）价值 - 采购成本。

这体现了一种购买关系，就是客户能够明确感受到：产品带给自己的价值大于自己的采购成本，客户才会产生购买需求。

（4）价值 - 价格。

在销售过程中，如果客户感受不到所要购买产品的价值，就会只关注价格。这才是最可怕的销售过程。在此过程中，若价值传递不到位，销售报给客户的任何价格，都会令客户感觉贵。

二、销售如何与少言寡语的客户沟通

在销售过程中遇到话少的客户，要分清楚客户话少的原因。一般有以下 3 种情况，销售人员要结合具体情况加以分析。

（1）客户想先看看你对他有没有价值，你的基本素质如何。不是所有的客户都喜欢闲聊，大多数的客户在确认你对他有价值且与你建立起信任关系以后才会敞开心扉。

（2）客户已经被竞争对手"获取"。这种情况就表明客户希望早早结束对话，根本不想和你交流。还有一种稍微极端的情况：客户认可你参与进来，但也只是认可你来陪标，客户其实不希望你了解太多信息。

（3）客户确实属于话少、性格比较内向的那类人。这类客户一般都是搞技术的，属于技术类人才，他们喜欢就事论事，很少聊工作以外的事情。

如果销售人员碰到的是上面第 3 种情况，下面有几种方法可供参考。

（1）讲故事。

可以和客户讲公司、讲产品、讲公司发展、讲服务中发生的故事。销售要善于讲故事，因为这种方法不会给客户带来额外的沟通压力。

（2）讲案例。

同行业案例往往是客户比较关心的话题。讲案例时有以下 2 个注意点。

第一是要注意行业相关性。和客户无关的案例，对方会感觉参考意义不大。

第二是要注意人员匹配性。比如，若你和CIO（首席信息官）谈CFO（首席财务官）关心的话题就可能会不那么恰当。

（3）讲共同点。

在销售过程中，销售人员要注意观察和挖掘客户感兴趣的话题，然后找共同点，比如同校、同乡、同兴趣、同信仰等。

（4）利用开放性话题。

在销售过程中有不少和客户交流的技巧，比如：SPIN、概念销售、九宫格等。最常见的就是利用开放性话题，引导客户说话。

比如：

"李经理，你对这次采购有什么具体的目标和要求？"

"张处长，这次采购您有什么具体要求？"

"王总，这个项目您希望财务战略方面，我们怎么配合您的工作？"

三、销售如何讲好故事

我在一次针对销售人员销售过程的调研后发现，在一场产品讲座或者方案讲解完成后，令客户印象最深刻的是故事，排在第二位的才是数字。

我也借由这次调研了解到，销售过程中会讲故事对销售成功率是多么的重要。所以说在销售圈才会有这么一句话：会讲功能不如会讲案例，会讲案例不如会讲故事。这样说虽然不一定准确，但也充分说明了，销售能够讲好故事在和客户交流过程中已经变成一项重要的技能。

销售应着重讲好以下几类故事。

（1）创始人创业的故事。

讲好创业故事有几个要点：

首先是创业背景，背景故事一定要讲出创业者的情怀；

其次要讲出创业者坚持努力的过程，正能量的故事永远受欢迎；

再次讲创始人割舍一部分业务的故事，这个可以说明创始人有远见；

最后讲讲创始人受创后重新努力的故事，毕竟创业过程不是一帆风顺。

（2）产品的故事。

销售可以从以下几方面来讲述：首先是名字或者品牌的由来；其次是产品所具备价值的故事，也是发现商业机会的故事；最后讲产品功能带来的故事。

（3）案例应用的故事。

只有将案例变成一个个生动的故事，案例讲述这一环节才会有立体感以及感染力。

（4）服务的故事。

好的服务是产品的一部分，所以服务也可以成为很好的故事题材。

（5）公司的故事。

比如战略发展及转型的故事、融资及投资的故事、组织建设的故事、管理变革的故事。

第八节　销售日常

本节重点解答了销售人员在日常工作中最常遇见的问题，分别是新销售如何快速学习产品知识；销售应如何提高持续跟进客户的能力；如何让客户转介绍；销售的向上管理；销售技巧和专业能力哪个更重要；销售长期不出单的原因这 6 个问题。

一、新销售如何快速学习产品知识

新入职的销售怎样快速学习产品知识？

常见的做法是公司领导安排产品工程师给销售讲一遍产品功能，但讲完以后有的销售仍然会一脸茫然。

为什么会出现这样的情况？就是因为产品工程师只了解产品设计原理和使用过程以及具体的功能，不了解客户的具体需求，不清楚具体的产品功能可以给客户解决哪些问题，哪几类客户会使用产品以及产品在客户那里的具体使用场景，所以会出现讲述者以为讲得很清楚，听者却不知怎么转化给客户的情况。

更有甚者，很多公司领导并不重视新销售的培训，只是派经验尚浅的产品工程师或者技术人员给销售做产品介绍，培训效果也就可想而知了。

那么在这种情况下，销售到新公司后应该如何学习产品知识呢？

销售可以自己列一张表，这张表包含功能、价值、用户角色、应用场景 4 列，如下表所示（注：空格处由销售自己填写）。

产品知识表

功能	价值	用户角色	应用场景 CRM（注：客户关系管理）"公海"（注：通常把企业通过公共营销手段收集来的、非业务人员主动挖掘来的客户群体，称为"公海"）
产品的各个功能	与产品功能对应的、可以为客户带来的价值	普通业务、总监	20 天没有联系的客户自动进入"公海"
…	…	…	…

销售需要根据这张表，把产品从功能到价值再到客户角色以及应用场景逐一地描述出来（分别按划分情况填在表中空格处）。这张表里列出的功能点越多，描述得越细致，表明销售对产品掌握得越透彻。

表格形成以后，销售要做到对表里的内容烂熟于胸，在去和客户交流时，能马上针对对方的角色知道用哪些产品内容去和他交流。这种沟通不仅可以提升销售的专业性，还会让销售变得更加自信。

这张表的用处不仅体现在与客户的现场交流，后续的简要方案、讲标方案的编制等都可以使用这张表里的内容，还可以为销售提供更多更具实用性的产品应用素材。

对于这张表，建议销售要做到定期更新，不断加以完善。一方面可以根据公司的产品功能对表进行升级，另一方面在和客户交流时，了解到客户更多的需求后，对表予以补充。

随着这张表中的内容越来越充实，销售会对己方产品和客户需求了解得越来越透彻。

二、销售应如何提高持续跟进客户的能力

销售"粘客户"的能力也称为销售持续跟进客户的能力，这是销售基本核心能力之一。俗话说"销售不跟踪，到头一场空"，充分说明了这项能力的重要性。

那么销售应如何提高持续跟进客户的能力呢？在我看来，应该在以下3个方面下功夫。

第一，持续跟进是销售流程中一项必须完成的工作，销售应该树立主动、积极的态度，把持续跟进客户当成一种销售习惯。

第二，销售在树立了正确的工作态度并养成正确销售习惯后，一方面要提高自己的专业能力，另外一方面要从研究客户需求方面下功夫。这是因为，客户需要的是销售从专业角度，针对客户的需求提出合理建议，而不能只是态度好却专业能力方面跟不上。

销售需要在跟进客户过程中把握销售流程。跟进过程中销售要体现出自己的专业性，做到专业能力强、态度好。

第三，从态度到专业性，销售在持续跟进方面的能力有了很大的提高后，容易陷入追逐功利的泥淖。所以，销售在提升自己持续跟进客户能力的同时，也要时刻提醒自己避免急功近利。

我见过很多成功的大客户销售都是在做到专业能力和态度双达标后更上一层楼，自觉地从客户服务的层面提升自己。这类销售有2个基本特征：与客户关系极好；老客户转介绍越来越多。

三、如何让客户转介绍

客户转介绍是销售开拓新客户的一项重要手段。高水平的销售，客户转介绍在其开拓客户的数量中占比很高。

作为销售人员，为什么要重视客户转介绍呢？

一方面，客户给你转介绍，代表客户对你的产品和服务比较满意。很多公司把客户转介绍视为衡量客户对公司产品和服务是否满意的一项重要指标。

另一方面，信任是销售的基础，销售只有和客户建立起信任关系以后，才能顺利开展后面的转化和成交工作以及有效推进订单。客户转介绍首先会把建立信任关系的这个过程缩短，因为之前客户对产品的应用及服务的满意度就是最好的证明。

那么，作为销售，你在哪个时间点让客户转介绍比较合适呢？

（1）客户刚与你合作的时候。此时你让客户帮你转介绍，客户一般是乐意介绍一下自己身边比较熟悉的客户的。

（2）客户应用你的产品效果还不错的时候。确定产品的使用反馈效果很不错，此时让客户帮你转介绍是一个不错的时机。

（3）客户对你的服务比较满意的时候。此时提出让客户给你转介绍，客户一般也乐意帮忙。

客户转介绍除了选择合适的时机，下面这几点也很重要。

首先，应先了解一下客户是否有资源帮你介绍。此处有个技巧：尽量让级别高的客户帮你转介绍，因为级别越高，其转介绍客户的质量越好。

其次，就是确认客户是否有能力帮你转介绍，否则就会只停留在打个招呼这一步骤而不会有下文了。

再次，你要提前为客户做好一个转介绍操作流程。这也是最关键的一点：你要让客户知道如何给你介绍。这个流程包括转介绍的具体步骤，因为有时候你觉得容易的事情，客户未必能够顺利完成，所以转介绍的具体操作流程很重要。

最后，及时回馈客户的人情是必不可少的。客户本来没有义务帮你转介绍。客户帮你，你要懂得回馈。

四、销售的向上管理

有时候向上管理比你的业绩更为重要，因为你得让领导明白你的困难、思路、想法和建议。在你的业绩还未达标时，这些向上管理的动作会让领导了解你的工作状况，至少会认为你的工作态度没问题。这一点很重要。

销售的向上管理可简单分为请示、汇报、日常沟通 3 大类。每一类都会有不同的用处。

1. 请示

在工作中遇到超出自己职责范围或者拿不准的时候，要多去请示领导。请示不是让你推卸责任，而是让你在具体执行时心里更有底气。

2. 汇报

作为你的领导，他也有自己的工作目标和绩效要求，你的绩效只是他所设定的大目标中的一个目标或者一个环节。领导需要了解员工的绩效情况，你不向领导汇报，领导也就无从知晓你的工作进度，也就给不了你所需要的工作指导和帮助。

3. 日常沟通

想要与领导实现彼此理解，光有请示、汇报是不够的。因为人除了工作还有生活。日常沟通的目的就是让你能够拉近与领导的距离，实现相互理解，建立更多信任。

五、销售技巧和专业能力哪个更重要

拥有多年大客户销售经历的我始终认为，在销售过程中，专业能力永远是基础，而销售技巧只能起辅助作用，只能做到锦上添花。虽然一些技巧在销售过程中有时可以起到四两拨千斤的作用，但是我始终认为没有专业能力支撑的销售技巧永远不会具备很强大的威力。

因为销售工作的核心是影响客户，如果你无法凭借专业能力激发客户兴趣、建立采购标准、改变客户认知，以及在竞争中获得优势，那么无论你的销售技巧有多厉害，都无法获得订单。

影响客户的核心能力其实就是销售人员所具备的专业能力，所以，销售人员须把专业知识变成专业能力。

（1）只有把产品知识变成专业能力，才能向客户传递产品价值。

（2）只有把客户业务变成专业能力，才能和客户在同一维度交谈。

（3）只有把行业知识变成专业能力，才能和客户深入交流。

（4）只有把竞品知识变成专业能力，才能有效地为竞争对手设置障碍，有效打击竞争对手，获得竞争优势。

没有专业能力做基础，你约到客户又能怎样？

没有专业能力做基础，你影响不了客户，也形成不了转化，更不可能实现签单。

虽然我也不否认在一些同质化严重的行业，靠销售技巧拿单也有很多成功的案例，但是随着客户越来越成熟、政策越来越规范，还是建议销售多在自身专业能力的提升上下功夫。

在提高专业能力的基础上再辅以销售技巧，身为销售的你才能变得越来越强大！

六、销售长时间不出单的原因

一直不出单，应该是销售最郁闷的事情了，甚至有的销售因为一直不开单而严重怀疑自己的能力，认为自己不适合做销售。

销售这一职业在不同行业有其自己的行业规律。销售出不出单、出单周期长短都有迹可循，总结一下，长时间不出单大体有以下 4 个方面的原因。

（1）行业周期的问题。

如果你是从事线下教育或者保险行业，1～2个月的出单周期属于正常；如果你在做大客户销售，3～6个月的出单周期算正常；如果你做的是大项目销售，有可能一个项目要盯上1～2年才会见到效益。所以，根据你所在行业的销售特性，来确定你的出单周期，做到心中有数就可以。

（2）客户资源的问题。

如果你所在行业的销售出单周期很明确，那么接下来就是目标客户资源了。若你的目标客户资源少，就会直接影响你出单的周期和概率。

客户资源受以下3个方面影响。

第一是客户的数量。作为销售，你在单位时间内开发的目标客户数量越多越好。

第二是客户的质量。质量高的客户就是指你的目标客户中预计能够出单的那种客户，即我们所说的符合商机标准的客户。

第三是客户资源和公司资源的匹配。有些客户看上去很不错，出单概率也很大，但是和你公司的资源不匹配。所以，这类客户并不属于你的目标客户资源。

（3）转化能力的问题。

所谓转化能力，是指快速推进客户往签单方向前进的一种销售能力。转化能力是销售过程中销售需具备的核心能力。转化能力不行，推不动客户或者推进速度慢，会直接影响你的出单周期。

（4）资源支持的问题。

资源支持的问题一般出现在销售打单过程中需要公司其他部门予以配合的时候，比如有些销售模式是需要技术或者售前予以配合的。因此，资源支持不到位也会影响签单的周期。

第九节　销售与业绩

没有一个销售不想完成业绩目标，因为业绩代表的不只是销售的收入，业绩还代表销售的职业尊严。本节将从销售"小白"和销售"高手"的差距；为什么有的销售很努力但业绩不好；销售业绩不好的具体原因；成为销售冠军须经历的 3 个阶段；销售"四力"对业绩的影响、"好销售到哪都是销售冠军"真的能实现吗、B2B销售业绩模型等方面深入剖析影响业绩的具体原因和要素。

一、销售"小白"和销售"高手"的差距

从销售"小白"到销售"高手"，要经历以下这 5 个阶段。身为销售的你，只有弄明白了才能少走弯路！我简单梳理了一下，现分享给大家。

（1）你怎么想，就怎么卖。

处于这个阶段的销售我们称之为"小白"。此时的销售，一般销售不出商品。这是所有销售必然经历的入门阶段，因为这个阶段的销售对销售这一工作还没有形成正确的理解，公司虽然有培训，大多也只是简单地熟悉产品、让师傅带带徒弟。

（2）客户怎么买，你就怎么卖。

处于这个阶段的销售，我们称之为"菜鸟"。

此时的销售，偶尔能销售出商品，但成单机会很少。此时的销

售已懂得销售应配合客户的想法。比如：客户要买个水杯，你就给他一个水杯；客户说头疼，你就给他一颗头疼药。

（3）根据客户需求来卖。

处于这个阶段的销售，我们称之为"入门级销售"。

此时的销售，可以经常卖出一些商品，但量不大、价不高。随着对产品的理解、自身对销售技巧的掌握，此阶段的销售开始对销售工作有了进一步的理解，能够去了解客户的问题和需求，站在客户的角度去思考并解决问题。

（4）按差异化去卖。

处于这个阶段的销售，我们称之为"熟手"。此时的销售，总是能卖出商品，销售业绩平稳。随着自身销售功力的不断增加，销售开始对销售工作有了更深刻的理解，技巧更为纯熟。作为一名成熟的销售，开始能够理解不同的客户有不同的需求；也开始会应用更多的销售技巧去处理所面对的竞争。

（5）按客户购买动机去卖。

处于这个阶段的销售，我们称之为"高手"。此时的销售，成单速度快，效率很高，能谈下大单子；懂得如何挖掘客户的购买动机，从客户购买动机层面开始销售，也就是能够挖掘出客户的隐性需求。

销售"高手"的出色表现，能够令客户有找到知音、看病找到专家的感觉。

如果说销售"熟手"可以称为"人精"，那么销售高手就应该被称为"精英"了。只有将销售做到了"精英"阶段，在同类商品的销售圈才会有一定的知名度和话语权。

二、为什么有的销售很努力但业绩不好

我们在职场中确实能够看到很多非常努力的销售，他们一天到晚都很忙，早早到公司，加班到很晚才离开公司。

我们一般都会认为，这样的人一定是业绩最好的销售，但是结果往往并非如此。多数情况下，这些人的销售业绩很普通，基本处于中等水平。

为什么会出现这样的结果？

总结成一句话就是：努力掩盖了认知的不足，认知不足造成了行动的偏差。

（1）努力掩盖了认知的不足。

有很多因素会影响销售业绩，如果单从销售个体考虑，数量和质量是决定业绩好坏的两个关键因素。

以拜访客户这个销售动作为例，拜访数量和拜访质量会最终影响销售签单的结果。

如果销售对目标客户的画像不清晰，即使拜访数量再多，也不会对自己的业绩结果产生实质性改变。

如果销售对影响客户的关键销售因素不是很了解，就会大大降低自己的拜访质量。

所以，别让努力掩盖了自身认知上的不足。

（2）认知不足造成了行动的偏差。

还是以拜访客户这个销售动作举例：由于你对客户采购的关键流程不熟悉，对那些能影响客户关键人的因素不了解，就会造成虽然做了拜访客户的动作，但是拜访质量和拜访效率却大打折扣。

你不知道什么叫执行到位，也不知道偏差在哪里，因此也无从知晓如何提高自己的拜访质量。

这就是典型的认知不足造成的行动偏差！

三、销售业绩不好的具体原因

销售业绩不尽如人意，主要因为以下 3 方面的因素。

（1）自身能力不够，销售的能力不够主要体现在以下 3 个方面。

① 找不到线索。线索就是销售的生命线。即使销售的跟单能力再强，销售线索不够，巧妇还是难为无米之炊。

② 转化能力不够。转化能力也可理解为跟单能力。转化能力不够是指销售没有具体的方法和步骤把线索变成商机，再将商机转化为订单。

③ 服务意识不强。为什么要强调服务意识？因为老客户续约占公司销售业绩的比例不低，如果没有足够强的服务意识来留住老客户，很容易造成客户不续约的结果。

（2）销售业务时间管理不好。

时间管理不好，主要体现在以下这两个方面。

① 销售业务时间和客户时间不匹配。销售不清楚应该选择什么时间和客户进行电话、微信、邮件、短信沟通，这样会造成被拒概率高和计划无法落实。

② 没有将业务时间花在关键销售动作上。我们经常会发现，不少销售每天看上去很忙碌，但就是效率上不来，或者业绩无法达标。这里强调一下，签单的关键销售动作是指：调研、演示、方案等动作。

（3）自身素质方面有欠缺。

销售的自身素质是最难改变的，但却对销售人员职业生涯的影响最为深远。销售素质主要由以下两个方面组成。

① 心理素质。有些销售的基本功很扎实，对产品的各种功能也很熟悉，但就是心理素质不过关，比如见到客户高层领导就紧张、人一多就讲不好产品等。心理素质的改变可以尝试这两个方法：一个是多了解客户业务，另外一个就是多练多见。这两个方法也可以用来增强销售的自信心。

② 行为素质。行为素质和销售个人的家庭、成长环境有很大关系，可以通过严格训练来尝试改变。

当然，影响销售业绩的其他因素还有很多，比如客户资源、公司支持、市场环境、领导风格等。

四、成为销售冠军须经历的 3 个阶段

销售冠军的达成必然经历以下 3 个阶段。

（1）能力达标阶段。

无论是 B2B 销售还是 B2C 销售，让销售能力过关永远是销售职业生涯的第一个关键环节，各种销售类型对能力的要求不一样，但有一项能力是所有销售都应具备的，即与客户成交的能力，具体体现在以下两个方面。

① 专业能力。所谓的专业能力包括产品能力、竞品能力、行业能力、客户能力。

② 销售能力。销售能力中最关键的是影响客户的能力，也就是帮客户建立或者改变客户的认知标准的能力；其次是商务能力，即，让客户对自己建立好感进而获得客户信任的能力。

（2）效率提升阶段。

在本阶段要想办法提高自己的工作效率，即在有限的单位时间

内尽量去多签单。

首先就是要做好时间管理。比如，你以前坐地铁或者公交车拜访客户，现在可以考虑打车或者开车拜访客户；以前在拜访前不做线路规划，现在要考虑线路应如何规划才是最经济、最省时。

其次就是要制订详细的日计划。制订计划时要把签单、拜访、开发等关键销售动作都做出合理的安排。

此处有两个关键点：第一，保证能签的单子必须签下来；第二，保证商机的可持续性。

（3）产值最大化阶段。

在实现能力达标和效率提升后，就要考虑怎么做才能把自己的单位产值做到最大化。

到了这个阶段，销售要学会有选择地放弃客户以及如何利用内、外部资源。

比如一些小单子，可以让新销售去签。相应地，若新销售有了自己无法处理的大单，也会找你帮忙。

另外，要学会利用公司的内部和外部资源，比如让公司领导或者技术专家出面协助你去打单，从而提高签单成功率。

谈大单和小单需要的销售能力也不一样，这就需要你对销售能力进行有效把控，收放自如才有机会去谈更大的单子。

五、销售"四力"对业绩的影响

以往我们谈论对销售业绩产生影响的因素时，涉及较多的有销售的能力、心态、客户资源等，在本小节，我们还将介绍几个因素：体力、心力、愿力，他们和能力一样对销售业绩有着很大的影响。

下面就谈谈这 4 种力量（即能力、体力、心力、愿力，简称

"四力")对销售业绩的影响。

（1）能力。

销售流程各个环节中的销售动作，必须要达到标准；只有达到标准，我们才能有效地继续向前推进订单直到最终签单。我们把这个将所有销售动作做到位、达到标准的能力称为销售能力。

（2）体力。

除了能力层面，销售人员本人还必须有一个强壮的身体。因为销售业绩是由销售人员通过大量拜访行为积累而成，销售人员拥有一个好身体才能支撑自己完成更多的拜访、谈判以及沟通等销售动作。如果没有健康的身体，销售就会陷入心有余而力不足的状态，在这种状态下还想要拥有很好的销售业绩是非常困难的。

（3）心力。

作为一个普通人，我们需要面对生活中的方方面面，如果处理不当会影响个人的心力，让人感觉到心累。很多时候对于销售人员来讲，身体累不算什么，就怕心累，心累就会导致人的整体状态不佳，对业绩产生不好的影响。

（4）愿力。

一个人能成多大事，愿力起到很大作用，对于销售人员而言亦是如此。愿力能够给销售人员带来以下好处。

① 资源集中。即可以做到将自身精力和内外部的资源集中在销售业绩和自身能力成长上。

② 排除杂念。有愿力就会知道长期规划和坚持的作用，这也有助于销售排除其他杂念和干扰因素。

③ 明确路径。有愿力也会帮助销售人员明确为达到目标所须经历的路径，这样会少走弯路。

六、"好销售到哪都是销售冠军"真的能实现吗

这个问题应该从以下 3 方面的具体情况进行分析。

第一，不同行业。

不同行业之间的业务差别太大，作为销售人员的你，在地产行业可以做到销售冠军，未必就能在零售行业做到销售冠军；你在零售行业做到销售冠军，未必就能在工程行业做到销售冠军。这是因为销售所处的行业不同，所以对其的能力要求也不同，且客户资源不同，竞争环境更加不同。

第二，同行业内的不同公司。

在同一行业内，如果你在哪家公司都可以做到销售冠军，那你真的非常厉害。建议这种能力超强的销售人才可以去创业，因为成功的概率会很高。在我看来，你肯定具备了如下特质或者条件。

① 手里掌握着大量优质客户，并且客户对你的认可度都非常高。

② 现在你已经成为专家型销售，你的销售能力早已超过了单纯依赖商务能力签单的销售；在你的领域中，你的专业知识非常厉害。

③ 该行业内，你有着不错的辨识度和人脉关系，甚至于有着一定影响力。

如果你具备上述 3 项特质或条件，无论在行业内哪个公司工作，对于你来讲都无所谓，因为你本身就拥有了销售冠军的属性。

第三，同公司中，销售不同产品。

如果是在同一家公司内换了不同产品或者项目，你依然能拿到销售冠军，在我看来，你肯定在以下 3 方面做得不错。

① 你的情商够高，在公司内部有着不错的人际关系。

② 你的销售能力不错，在同行业中你属于中等以上水平。

③ 你在自己的客户管理以及时间管理方面做得非常好（这属于规划客户范畴）。

七、B2B 销售业绩模型

弄清楚 B2B 销售业绩模型，对于新销售或者新入职一家公司的销售而言至关重要。这个模型能够帮助他们迅速熟悉、上手本职工作。

下图是一幅 B2B 销售业绩模型的简图。

B2B 销售业绩模型

1. 销售能力是基础

销售能力不达标，即使你拥有再好的客户和资源，也不可能产生好的业绩。所以，一定要弄清楚你所入职的公司采用的是何种销售模式。不同的销售模式需要不同的销售能力：产品销售和项目销售不同；大客户销售和渠道销售不同；2C 销售和 2B 销售不同；政府销售和企业销售不同。

2. 准确获取商机

准确找到并拥有正确的商机获取方法是决定销售业绩的另一个关键要素。

3. 有效获取资源

除了以上两个方面，所有可以实现有效成单的因素都可被称为资源。这些资源包括但不限于政策、售前、服务、研发、高层领导、外部资源等。能够有效获取上述资源，对 B2B 销售业绩而言非常重要。

4. 公司不成文的规定

每个公司除了明面上的规则，都会有一条甚至若干条不成文的规定，你须尽快了解，可以少走弯路。

5. 处理好和直接领导的关系

能够处理好和直接领导的关系，你就有机会获取更好的资源或者客户，这是不争的事实。

第十节 销售正见

我们对销售工作以及销售这一职业应该有正知正见，并能够逐步从销售自信过渡到生活自信。

一、B2B 销售的发展趋势是什么

总有销售会问：B2B 销售的发展趋势是什么？是不是以后

B2B 销售就不存在了？

据国外的研究数据统计，国外 B2B 销售并没有因为互联网技术的发展而减少，目前基本属于持平或略有增长的状态。这也正说明互联网技术的发展虽然对 B2B 销售有影响，但是并不能完全取代 B2B 销售。

作为 B2B 销售的研究者，这些年我也非常关注 B2B 销售的发展方向。

近两年销售界又开始提起这个话题，主要背景如下。

① 目前既有的销售理论，从 FABE（利益推销法）、SPIN（顾问式销售）、SPI（解决方案销售）、CCS（以客户为中心的销售），再到 IBM 的 SSM（IBM 特色销售方法论），依然流行于全球销售界，到目前为止还没有出现新的本土销售理论能够完全打破以前国外销售大师总结的框架。

② 互联网技术的发展造成买方和卖方的信息差逐步缩小，这一趋势的具体体现是客户越来越清楚自己的需求，卖方引导客户的情况会逐步减少。

③ 自 2020 年开始在全球蔓延的新冠疫情对经济的影响直接造成客户的采购需求萎缩，为了获得更多的收入，卖方对于自身传统的营销模式也必须做出改变和调整。

正是在上述 3 种背景下，公司为了生存，对销售人员有了更高的要求。

那么 B2B 销售的发展趋势究竟如何？我的看法如下，供参考。

① 以价值导向为核心的销售方法论会逐步兴起，这两年国内的 B2B 销售研究者已着手开始探索；成熟的理论也在逐步形成。

② 以客户满意度为核心的"销服（即销售＋服务）一体化"思想会重受重视。客户采购预算持续缩减，公司要想保持营收的

持续增长，针对老客户的服务与经营就要被重新规划并得到充分重视。

③ 以配合客户战略为自己业务核心的销售理念会重新成为销售看重的核心技能，尤其是大客户销售。越来越多的公司开始重视对战略客户的经营，为了获得更多战略客户的采购份额，各公司开始真正重视从客户的业务战略层面来积极配合客户，由此完善自己的销售流程。

④ 市场、运营、销售等职能相互融合得更紧密。从销售的能力来讲，如何扩大自己的 IP（即，个人品牌）影响力以及把内容运营思维贯穿在整个的销售流程中，是对销售提出的更高要求。

⑤ 融合了视频、三维、AI（人工智能）等众多互联网前沿技术的销售工具会不断推出，这些工具的广泛使用会逐步改变销售过程中的一些环节和场景。

二、哪些因素制约你年薪百万

我最近看了一些关于销售方面的文章，对其中的"干销售年入百万元"这一观点感觉很诧异，这里想和大家深入探讨一下，并分享一些我的观点。

我从事销售工作 20 年，经历过不同的公司和行业，我想自己应该有资格做一下这方面的分析；另外，我也想帮助从事销售工作的朋友们树立一个正确的收入观念。

做过销售的人都知道，销售的收入主要由底薪和绩效这两部分组成，而高收入往往来自绩效部分。所以，绩效肯定和销售业绩有关。那么我们就从影响销售业绩的关键因素开始分析。

在进行分析之前，我们先确定一下相关的概念和范围。

先要确定你是普通销售人员还是销售管理者。如果你是销售管理者，年入百万元的概率会大，你的管理级别越高、公司规模越大，越容易达到。如果你只是普通销售人员，那么下面这几个方面就是影响你的绩效收入的关键因素。

① 自身能力层面。销售自身应具备的能力包括专业能力和销售能力。专业能力包括产品知识、行业知识、客户知识、竞品知识；销售能力，通俗地讲，就是怎样找到客户，见到客户并把产品卖出去，由此获得销售收入的能力。销售的自身能力不过关，基本不可能有高收入。

② 公司平台及品牌层面。你的公司平台越大，品牌知名度越高，为销售做背书的能力就越强，同时也就越容易获得竞争优势，进而获得销售收入。大多数情况下，客户喜欢大品牌、喜欢和大公司合作，且更希望能够通过购买大品牌产品来降低使用风险以及获得更多的增值服务。请销售人员切记：不要把公司平台能力当成自己的能力。

③ 产品层面。产品的应用越复杂、价格越高对于销售来讲挑战越大。这就是为什么简单产品型销售难以应对应用复杂、价格高的产品以及项目型销售所面对的决策链长、客户关键人构成复杂、销售周期长、竞争对手多等问题。

④ 客户层面。客户规模的大小也会决定销售过程的难易程度。小客户很容易找到其关键人，而面对大客户，找到其关键人的难度就会很大，因为部门多、层级多，销售若没有人脉和资源，就会浪费大量时间做无用功。

⑤ 同质化层面。高精尖、应用广、无竞争的产品几乎不存在。同质化严重就会在无形中增加产品的销售难度。我曾经参加过一所知名大学的设备采购招（投）标，厂商代表最后被集中在一个

屋子里，大家只需报设备型号、价格，并且最终被告知，最低价者中标，竞争非常激烈。

当然，影响销售业绩乃至绩效收入的因素还有很多，比如人脉、资源、关系等。

所以，销售如果想达到年薪百万元，需要克服的困难还真不少。

三、从销售自信到生活自信

自信这个话题会贯穿很多人的一生，无论学习、工作还是生活。有句话是这样讲的：自信才能自立，自立才能自强。由此可见，拥有自信对每个人都很重要。

在销售工作中，销售自信也是实现业绩达标的基础。没有自信，给你再好的商机、线索，你也谈不下来；没有自信，即便拥有再好再多的客户，你也转化不了销售业绩。

销售人员要想实现从销售自信到生活自信的完美过渡，要做好以下5点！

1. 形象自信

建议销售人员入职前先为自己准备两身得体一点的西装，最好再搭配一块腕表，尤其是新销售。这个社会中多数人还是习惯以貌取人。

2. 专业自信

专业自信体现在两个方面：专业的沟通能力和专业上的影响能力。

专业自信建立在你拥有足够扎实的专业知识的基础上。前文中我们介绍过，销售的专业知识包括产品知识、客户知识、行业知识、竞品知识。

专业的沟通能力是指你能够流畅地和客户交流沟通，比如回答客户问题、产品演示、需求了解、技术讲解等。很多优秀的销售员都是这样锻炼出来的，从最开始只能和客户沟通 15 分钟，到后来侃侃而谈 1 ～ 2 个小时也完全不会冷场。

专业上的影响能力是指在销售工作中，作为销售员，你要有能力影响客户的认知标准。这不光需要专业知识还需要销售技巧。如果说专业的沟通能力代表你能和客户平等交流，那么专业上的影响能力就表明你能说服客户并能让对方对你产生信任。

3. 业绩自信

销售能够拥有业绩自信会经历 3 个阶段，即从开单到平稳、从无法掌控到尽在掌握、从小单到大单。

① 从开单到平稳。这个阶段会令每个销售都记忆犹新，不管你做了多少年的销售，都不会忘记自己第一次开单的经历，因为那是你从"小白"进步为"菜鸟"的证明。随着自己销售能力的不断提高，业绩会趋于平稳，这就是我们提到的第一个阶段。

② 从无法掌控到尽在掌握。有时候，销售员自己都不知道是如何成单的。我称这种状态为"成功了不知道原因，失败了不知道问题"。自己无法掌控销售业绩的原因就是控单力不行，更不理解打单的路径和节奏这两个概念。销售员在这一阶段的经历，就是理解这两个概念的过程。当你真正理解了这两个概念并将其成功应用于打单过程，你才做到了对销售业绩的尽在掌握。

③ 从小单到大单。做小单和做大单带给销售的感觉是不一样的，这两者无论是项目复杂程度还是竞争激烈程度都不可同日而

语，销售只有谈下大单、大客户，才会建立极强的自信，同时也会得到同事的尊重和领导的认可。

从小单做到大单，也是一名销售从青涩走向成熟，在打单过程中不断进步，不断完善自己的过程。

4. 生活自信

生活自信体现在两个方面，第一是改善自己，第二是改善家人。

改善自己：通过自己的努力工作，可以改善自己的物质条件，让自己生活得更有品质，可以继续进行自我提升，让自己具有更强的竞争实力。

改善家人：有些时候，成功不仅属于自己，成功还是周围亲朋好友对你的认可。

5. 社会自信

达到生活自信以后，销售会慢慢地开始接触到层次水平更高的人，也会形成自己的销售风格，这样的自信叫社会自信。

销售技能

Chapter II

本章主要介绍 B2B 销售（大客户销售）的核心技能。在 B2B 销售中，销售会体现出 3 个方面的能力：首先是对关键人一对一的影响能力；其次是配合客户采购流程时积累优势的能力；最后是制定竞争策略获得竞争优势的能力。

具体内容主要涵盖大客户销售能力素质模型、如何建立信任关系、如何高效开发客户、如何提高邀约成功率、第一次拜访客户的成果是什么、迅速了解客户及判断客户现阶段状态、如何影响和改变客户的认知、如何给客户提交解决方案、报价及价格异议处理、与客户高层沟通的技术、采购角色的分类、异议处理及商务谈判共 12 个部分。

第二章
销售技能

Chapter Ⅱ

第一节 大客户销售能力素质模型

很多公司都在探讨 B2B 销售特别是大客户销售究竟需要什么样的销售人才,现在的市场现状是:企业招到合适的销售人才不容易;销售人员寻找到合适的岗位也不容易。以此为背景,我总结出了一套大客户销售能力素质模型,希望能够为企业寻找销售人才提供一套按图索骥的依据,也希望为对自身成长有规划的销售提供一些方向。

一、大客户销售能力素质模型是什么

我曾经研究过不下百名成功的大客户销售的成长案例,试图找到他们成功的密码。经过十多年的分析、研究,我终于总结出了一套大客户销售能力素质模型。

这个模型就是"43141"大客户销售能力素质模型。其中,"4"代表四种专业知识;"3"代表三种销售能力;"1"代表一项时间管理;"4"代表四种核心素质;"1"代表一项价值观。

1. 四种专业知识

(1)产品知识。大客户销售人员只有熟练掌握产品知识,才能更好地给客户做价值传递和输出。

(2)行业知识。行业知识是销售能够影响客户决策的关键因素。

（3）客户知识。销售只有充分了解了客户的业务，才能更好地了解客户的需求。

（4）竞品知识。销售只有对竞品知识做到熟练掌握，才能面对各种不同的竞争形势。

2. 三种销售能力

（1）判断及影响客户的能力。这种能力是指销售能准确地判断出客户采购流程目前所处的阶段，并能据此做出影响客户并使其能够发生购买行为的销售动作。

（2）积累优势及把控节奏的能力。大客户销售具备的竞争优势是在不同的采购阶段逐步积累而成，与此同时，还要有对项目节奏的把控能力，这样才能在打单中不断消除客户顾虑，积累竞争优势。

（3）策略制定及资源协调的能力。大客户销售由于竞争对手多、客户关键人多、项目复杂，需要销售人员具备很强的策略制定以及资源协调能力。

3. 一项时间管理

好的销售一定是一个时间管理高手，一定会在开发、转化、服务这几项销售日常工作中合理分配时间。

4. 四种核心素质

这四种核心素质即指学习力、同理心、成就感（成功的欲望、赚钱的欲望）以及自驱力。

其中，同理心和自驱力是基础，这两种素质彼此会互相牵制。

同理心够，自驱力不强，销售可能会长时间不签单或者只能签小单。

同理心不够，自驱力强，销售可能会经常丢单。

另外，学习力的强弱会决定一名销售的签单速度；对成功和金钱的渴望会决定其销售业绩的稳定性。

5. 一项价值观

销售一定要有正确的价值观。价值观是决定一名销售能否不断进步的关键因素。

总之，一名好销售的核心素质是：能力要强、效率要高、素质要好、价值观要正！接下来，让我们一起详细了解下口述"43141"中的第一个"4"和"3"。

二、大客户销售必须具备的 4 种专业知识及应用

关系型销售认为销售技巧很重要，顾问型销售认为专业知识更重要。其实对于销售来讲，销售技巧和专业知识都是销售必不可少的两个硬件，缺一不可，且，专业知识是销售能力中最为基础的能力。

下面让我们一起来了解一下新入职的大客户销售须具备哪些方面的专业知识。

1. 产品知识

公司针对产品知识的培训至少要培训到三个层面：第一，产品功能；第二，应用场景；第三，应用后给客户关键人带来的价值。只有将产品知识培训到这个深度，销售才会明白见到客户后应该如

何去影响对方。

2. 客户知识

客户知识是指大客户销售人员应很清楚地知道：目标客户有哪些或者集中在哪个行业；客户有哪些业务部门，这些业务部门是如何工作的；客户的组织架构如何；销售要找客户的哪些关键人，关键人是怎样工作的，他们会关注哪些内容等。

3. 行业知识

行业知识是指大客户销售应知晓：客户所处的行业属于哪种类型，这类行业的客户是如何经营业务的，行业内排名如何；另外，销售还应知晓，这个行业中有哪些公司是我们的客户，签单时客户看重我们公司的哪些特质等。

4. 竞品知识

竞品知识的相应内容包括：同行业内的竞争对手有哪些；我们公司的产品和竞品比较，差异化的优势有哪些，客户一般更认可哪些优势；以及我们公司针对竞品的竞争策略是什么等。

三、大客户销售的3种核心销售技能（能力）是什么

大客户销售的核心技能到底有哪些？也许每个大客户销售的研究者和从业者都会有自己的答案。

通过多年的研究和实战，我认为大客户销售的核心技能（或应具备的核心能力）应包括以下3种。

（1）判断和影响客户的能力。

这是大客户销售应具备的最基本的核心技能。所谓判断，即销售要清楚地知道客户的采购流程现在处于哪个阶段，比如，是立项阶段、需求阶段还是方案阶段等，甚至还需要作出更详细的分析。因为，处于不同阶段的客户其关注点不同。销售只有判断准确，才能更好地去影响客户。

大客户销售工作本身就是一个销售人员和客户相互影响的过程，所以，销售真正的价值其实就体现在销售过程中。作为销售，你如果可以在项目的不同阶段去影响客户关键人的认知，客户会更加信任你，进而更加信任你的公司、产品和服务。所以，判断和影响客户的能力是大客户销售应具备的最基本核心技能。

（2）优势积累及风险规避（把控节奏）的能力。

大客户销售要想获得竞争优势，就必须在客户采购流程的各个阶段，都能够获得竞争优势，优势积累得越多，获得订单的概率越大。

采购对于客户来讲存在着组织风险。客户的组织风险又由采购风险和实施风险组成，所以客户在采购流程中所做的各个采购动作其根本目的就是验证销售方的风险规避能力。

销售只有了解客户在采购过程中的这两个根本目的，才能更为有效地通过组织技术交流、需求调研、产品演示、方案交流等活动为客户提供服务，准确把控项目节奏，不断清除客户顾虑。

（3）策略制定和资源协调的能力。

大客户销售的过程其实就是一场销售人员参与其中的能力和智力的比拼过程。为什么这样说？大客户销售因为所涉项目的金额大、周期长、竞争对手多、决策过程复杂，所以需要销售人员拥有很强的策略制定能力以及资源协调能力。所谓策略制定以及资源协调能力，指的就是销售在复杂的竞争环境中，能够清楚地分析竞争形势，从而获得竞争优势的一种能力。

这就如同一场战役打响之前，身为指挥官的你要明白，这场仗应该怎么去打，唯有如此才有可能获得胜利。

所以，策略制定和资源协调的能力也被称为大客户销售的逻辑思维能力。

第二节　如何建立信任关系

本节主要分析信任和销售的关系。这也是我通过对 B2B（大客户）销售的研究，第一次提出个人信任和组织信任以及和组织风险等概念。

一、个人信任关系的公式及其含义

信任是销售的基础，那么销售如何和客户建立起信任关系？

做销售的朋友们都应明白：和客户建立信任关系是销售的基础；没有信任，我们就不可能与客户共同走完整个采购流程，更谈不上让客户采购我们的产品。

B2B（大客户）销售中，客户的信任分为个人信任和组织信任。这里我们重点探讨和客户的个人信任关系应怎么建立。我将个人信任关系总结成如下公式：

$$个人信任 = 专业距离 / 心理距离$$

我认可以下观点：个人信任来自专业知识方面的优势，同时还有能与客户逐步靠近的心理距离。

那么，如何做到缩短心理距离？大家都知道物以类聚、人以群分，人都喜欢和自己相像的人在一起，即你要善于找到自己和客户相同或相似的地方，比如同乡、同学、同校、同爱好、同经历、同信仰、同价值观等。

这些都是能够很好地与客户拉近心理距离，进而建立起信任关系的方法。但是，仅做好这些肯定是不够的，所以，各位销售还得多去学习专业知识，做一个内外兼修、气场强大的销售人。

二、组织信任关系的公式及其含义

我们了解了个人信任关系是如何建立以后，这里再说一说大客户销售中组织信任的建立。

我把组织信任也总结成一个公式，方便大家记忆和理解：

组织信任 = 投资回报 / 组织风险

这个公式的含义就是，组织信任等于投资回报（Roi）除以组织风险；可以理解为投资回报越大，组织信任越强，组织风险越小，组织信任越强。

在大客户销售的过程中，销售人员针对客户所做的各种销售动作，无论是技术交流、需求调研，还是案例参观、方案设计等，其最终的目的都是在向客户证明购买了己方产品和服务，投资回报高、组织风险小。

投资回报的计算方法有很多种，各个行业会有所不同。最常用的有以下两种方法：

Roi = 收益 / 投资

Roi =（成本降低 + 收益增加）/ 总成本

在具体案例中，大家可以结合自己业务的实际情况来应用，因为不同的产品和方案给客户带来的结果不同，有的可以增加收益，有的可以节约成本，还有的既可以增加收益又可以节约成本。

投资回报计算方法在产品和方案中的体现，销售人员可以按照以下思路来向客户进行展示。

首先，确定在没有采用己方产品和方案以前，收入或者成本类别的值是多少；其次，在采用己方产品和方案之后改进值是多少；两者进行对比，确定增加收益或者节约成本的值是多少。

其实，我们还可以做范围推演和时间推演。比如，客户组织内某个部门应用产品和方案后节约的成本是多少，全公司 20 个部门应用后节约的成本是多少，这个叫范围推演；另外，是随着时间的累积，收益会越来越大，比如，产品和方案在应用 1 年和应用 5 年后的收益是不一样的，这个叫时间推演。

我们再来说说组织风险。组织风险大体分为采购风险和实施风险这两种。

采购风险是指客户在采购产品和服务前需要规避的风险。此时客户考虑更多的是如何通过详细了解产品和服务本身来规避风险，比如考察、演示、技术交流等手段，这些都是在预防采购风险。

实施风险是指客户在购买产品和服务之后为了保证其能够应用成功，考虑须尽量避免在实施过程中产生的风险。比如，要销售方投入多少人力、具备何种资质和水平，以及设置了哪些安全保护措施等都属于降低或规避实施风险的具体手段。

在销售过程中只有和客户建立起个人信任关系和组织信任关系，客户才会放心地和你签约。

三、销售如何打消客户签单前对风险的顾虑

大客户销售如何识别客户的采购风险，打消客户签单前对风险的顾虑？

有做销售的朋友问：为什么自己感觉和客户已经建立了信任关系，销售流程中的各个环节把握得都不错，但客户就是不签单。对这个问题，我们有必要谈一下风险对客户签单的影响。

当今社会，大多数行业已经不是单纯的卖方市场。作为销售的你和客户之间也已经不是简单的买和卖的关系。所以，你要先研究客户会如何购买，然后再去考虑如何销售。

客户在作出购买决策的整个过程中已经有了很强的风险意识，销售只有对风险有了同样清晰的认识，才能最终帮助客户制定出应对风险并能有效规避风险的策略，进而促使客户作出购买的决定。

下面我们从以下 3 个方面来阐述一下风险对客户签单的影响。

① 客户的采购风险。采购风险大体分为个人风险和组织风险这两种。

顾名思义，个人风险就是客户在购买行为中如果选择你的产品或服务后会对他个人带来的危害或不利影响。组织风险就是客户在采购你的产品或服务后，假如失败会给客户的公司或组织带来的危害和不利影响。两种风险中，个人风险对客户采购决策的影响会大于组织风险。

② 采购风险对客户造成的影响。从风险影响的角度来讲，选择即代表责任。对个人来讲，选择失误或不当可能会对客户个人、家庭、工作、社会关系等造成影响；对组织（公司）来讲，可能会对组织的购买信心、内部人员、对外形象等造成影响。

③ 客户采购过程中的风险评估。风险评估即指客户用其自己

的选择标准来评估在选择供应商后对己方造成的影响，而选择标准也就是客户在其采购决策过程中对所需的产品或服务进行选择的关键因素。

不同行业中拥有不同需求的不同个人，其选择的标准也不同，但有几个因素是都会考虑的，比如产品功能、售后服务、品牌、公司实力、客户群体或者案例。

在大客户销售的风险管理过程中，销售只有有效识别出客户对哪些风险存在疑虑，并清楚这些风险会对客户的组织及其关键人有哪些影响并明确了解客户采购的风险评估标准，才能打消客户的风险疑虑。客户只有在对风险的疑虑彻底消失之后才会和你签单。

第三节　如何高效开发客户

本节将重点分析销售找不到精准客户的具体原因，以及如何进行客户画像，并提供了开发目标客户的 6 种方式，供大家参考。

一、销售为什么总是找不到精准客户

销售总是找不到精准客户，却不知道问题出在哪里。

精准客户是产生商机的基础，有很多销售尤其是新销售在寻找精准客户这方面做得不是很好。一方面是自己的原因，据统计，开发新客户是销售最不情愿做的工作之一；另一方面就是公司培训体系的问题，很多销售入职公司后只接受过产品和简单销售技巧的培训，并未接受过关于开发客户方面的专业培训。

抛开公司的问题，仅从销售的个人原因出发，我们能观察到的错失精准客户的原因有以下 3 点。

1. 40% 的情况源于没有目标客户的精准画像

没有目标客户的精准画像，销售找到精准客户的难度很大，更谈不上按图索骥。

另外一种情况是：有客户画像，但是公司由于受产品、品牌、资源等具体因素的限制，对目标客户的定位不准确，造成销售转化订单的难度很大。

2. 30% 的情况源于方法不对

很多销售不知道如何去找精准客户。由于方法不对，寻找精准客户的效率很低。

具体找客户的方法可以参考我在网络上发布的关于高效开发客户的帖子。里面详细介绍了开发客户的 6 种方法（后文也有综述）。销售可以根据这 6 种方法做好规划，从中找出最适合自己的方法，继而在此方法基础上制定好目标，然后每天、每周、每月按照规定的量去开发客户。

3. 30% 的情况源于做不到持续开发

公司设有市场部，使得有些销售形成了等、靠、要的习惯，造成自己开发客户的能力不足。

另外，开发客户是一项脑力与体力共用的活动，需要持续不断地投入时间和精力，很多销售不能长期坚持也会造成找精准客户的效果不理想。

销售找不到精准客户大体就是以上这 3 种原因。另外，销售管理者也有责任和义务帮助销售分析开发客户过程中存在的问题。

二、如何进行客户画像

大客户销售中的新销售经常找不到潜在目标客户，多数情况是目标客户画像不清晰造成的。

那么，如何进行客户画像，即做潜在目标客户的画像分析呢？一般是从以下 4 个方面来进行。

① 对新销售的培训应包括从产品价值到功能价值等诸多方面的系统分析。

在对新销售进行产品培训时不要只简单地讲一些产品功能，而是要从产品定位、产品应用后给客户带来的价值以及产品功能层面给客户关键人带来的价值等诸多方面进行系统的分析。

② 对客户应用特征进行分析。

所谓应用特征分析，即针对客户在何种条件下或具备何种条件才有可能应用公司产品和服务进行分析。

③ 对客户关键人进行痛点分析。

再好的产品也是给人应用的，销售应分析清楚，自己的产品是给哪些客户关键人用的，这些客户关键人针对自己的工作岗位会有哪些痛点。

④ 对客户应用场景进行分析。

在分析清楚前 3 项后，销售就应着重思考产品的功能在客户的实际业务中是如何使用的，解决了哪些问题以及应用后可以给客户带来哪些好处。

销售只有从以上 4 个方面对潜在目标客户的画像作出分析，才会明白该去找什么类型的客户，找哪些客户关键人以及如何和对方沟通。

三、高效开发客户的"六脉神剑"——6 种方法

据统计，所有大客户销售最不想做的工作，排在第一位的就是客户开发，但是在销售过程中客户开发的重要程度不言而喻，没有客户就等于射击没有靶子、做饭没有米下锅。所以，客户开发能力也是大客户销售的核心能力之一。

下面我们就来了解一下大客户销售中开发客户常用的 6 种方法。

（一）精准线索找客户

竞争对手的客户一般都是比较成熟的客户，只要开发策略得当，也会变成你自己的精准客户。具体方法有以下 3 种。

1. 截流

所谓截流，是指针对竞争对手中想通过"飞单"（指销售拿到订单后，不将订单交给本公司却放在其他公司做）赚钱的销售所采取的一种策略。这种方法虽然难度比较大，但是一旦合作成功回报也是很大的。

2. 合作

任何一家公司的客户档案中都存有大量的闲置客户，这些客户一般被埋没在客户 CRM 系统的"公海"中，这部分客户属于公司的闲置资源。销售可以和竞争对手针对这部分资源采取合作

的策略来挖掘客户。

3. 挖角

所谓"挖角"，就是主动去接触竞争对手的老客户。工具型的产品销售，采用该策略会容易一些，业务型的产品销售使用该策略的难度比较大。客户想更换的原因主要有下面几种：原产品价格高，销售可采用比质比价的方案；原服务差，销售可采用优质的售后服务方案；原公司销售换人了，己方公司可以趁机争取；客户公司业务面临转型。

销售可以根据上述具体原因主动与竞争对手的老客户进行沟通，进而推荐自己的产品或方案。

（二）成单转介绍

转介绍应是最容易成单的一种开发客户的方法。据相关统计显示，转介绍成单的概率是 1/5 ，陌生开发是 1/30，电话开发是 1/150。这也从侧面体现出转介绍对于开发客户的重要性。

1. 老客户转介绍

老客户转介绍的重点在于时机的把握。销售向客户提出转介绍的好时机包括：客户和你合作时；你为客户做事，他要感谢你时；客户在使用产品感觉不错时。

2. 业内专家转介绍

相关领域内的业务专家、行业意见领袖都可以帮你介绍一些优质客户。他们一般可以接触到客户的高层领导，转介绍的客户一般自己就是决策层。

（三）快速转化同渠道

同渠道须有两个条件：第一，目标客户一致；第二，客户关键人相同。同渠道推荐客户，不存在利益冲突，而且目标客户精准度也会很高。

同渠道有以下 2 种合作模式。

① 资源互换。即同级别的销售容易形成资源互换，新销售可以借此快速形成自己的渠道。

② 利益分成。此为不同级别销售之间的资源分配。

（四）大单需要盯行业

在行业内综合实力排名前 50 的客户都属于最有购买力的客户。针对这些客户如果开拓得好，能带来很好的收益及长期后续服务机会。但是开拓这些客户也存在两大难点：第一，找关键负责人难；第二，进入难。

具体开拓方法包括：

① 寻找围绕大客户生态圈的伙伴以求其可以帮助引荐；

② 利用一些新媒体工具自己直接寻找。

（五）线索不断靠圈子

经营自己的人脉圈是一个好销售的长期工作；销售有了自己成熟的人脉圈就等于有了自己的触角。

（六）长期经营自媒体

随着互联网技术的不断发展，销售技能也会随之发生改变。销售人员借助自媒体建立属于自己的 IP，慢慢也能形成一种新的销售渠道。

总之，高效开发客户的诀窍：苦干不如巧干，巧干不如会干！

第四节　如何提高邀约成功率

邀约是销售见客户的第一关，很多销售由于邀约能力不过关，从而没有办法见到客户进而影响客户。本节我将和有此困扰的销售一起探讨：为什么约不到客户；3 种邀约客户的方法；成功邀约的核心秘密是什么。

一、为什么约不到客户

对于新销售来讲，获客和邀约是非常重要的两个环节，但是有很多新销售都在这两个环节上"折戟沉沙"。

无论是产品型销售还是项目型销售，邀约能力都是销售的主要基本功之一。若约不到客户，就谈不上后面的兴趣激发、产品演示、技术交流、方案沟通等环节。可见，邀约能力是销售进步道路上的第一道门槛。

那么，销售为什么约不到客户？通过大量分析后我们发现，销售约不到客户主要有下面 4 种原因。

第一是邀约时间不合适。

我们以一周为时间周期做分析：周一上午客户一般都在开会，所以周一上午约客户的难度比较大；如果以一天为时间周期进行分析，上午 11：00—12：00、下午 16：00—18：00 是给客户打电话相对好的时间。

第二是邀约方式不恰当。

电话直接约客户被拒的概率是很高的；邮件邀约和短信邀约，客户不回复是常态。如此看来似乎也没有更好的办法了，但是细节决定成败，成功的邀约恰恰是在这 3 种邀约方式的基础上经过巧妙设计后得到的。

第三是邀约理由不充分。

客户是否答应你的邀约的核心逻辑：首先，你是否能给客户提供有价值的内容；其次，时间合不合适。所谓有价值的内容，包括同行业中的案例、投资收益、风险预防等，这也是设计邀约话术常用的理由。

第四是对邀约目标客户的判断不准确。

有人问这也算原因吗？确实是原因之一。

有研究表明，新销售或者新进公司的销售，多数情况下都没有对目标客户有明确的判断依据和标准，也就是对目标客户没有形成清晰画像。新销售由于对目标客户的判断不准确，因而在邀约效率上会大打折扣，这也造成了销售在邀约上浪费了大量的时间。

当然，除了以上原因，还有销售技巧运用不熟练、自身气场不够等，也会影响邀约成功率。

二、3 种邀约客户的方法

以前在销售的工作环境中没有现在这些先进的通信手段，所以陌拜（陌生拜访或扫楼）和电话联系是最常用的方式；后来，随着互联网和通信手段的发展，出现了邮箱和手机等，所以联络客户的方式也更趋于多样化。微信、QQ、微博、陌陌、领英等多种新的联系渠道，也给销售带来了更多机会。

下面简单介绍下最常用的邀约模板，包括邮件版、短信/微信版、电话版等。

（一）邮件邀约设计要点

① 标题醒目，有吸引力；

② 公司实力简述；

③ 价值介绍清楚；

④ 案例带来的效益。

（二）短信/微信邀约设计要点

① 关键人角色不同，其关注点不同；

② 同行业内存在的问题；

③ 我们怎么解决的；

④ 具体案例。

（三）电话邀约设计要点

使邀约的电话不在 3 秒钟内被挂掉是电话邀约的要点。

① 朋友介绍；

② 客户上级让找的；

③ 专家介绍。

三、成功邀约的核心秘密是什么

我们发现，有时即使邀约技巧运用得再好、电话沟通能力再强，也有约不到客户的时候。这种情况被称为概率事件，因为客户总会用这样或那样的原因拒绝你的邀约。

在这个信息时代，我们每个人或多或少都经历过"被销售"这种情况。拒绝电话销售的邀约一般会有以下 2 个原因。

① 销售的沟通能力不行，让接电话一方听了 1 ～ 3 句就没有想听下去的兴趣。

② 拒绝是人类的本能，因为每个人都会和陌生人有距离感，尤其是电话沟通。

那么，在了解邀约被拒绝的原因以后，我们再来思考，自己在什么情况下会接受陌生人的邀约？

销售邀约能够成功的关键不是单纯的锲而不舍，而是有策略的锲而不舍，其实成功邀约的秘密就在邮件邀约、短信/微信邀约、电话邀约这 3 种邀约方式里。

中国是礼仪之邦，老百姓们都很注重礼仪。所谓"事不过三"也是某种礼仪的体现。所以，销售人员的正确邀约方式是先发邮件、其次发短信/微信、最后再打电话邀约。邮件邀约一次成功的概率估计占 20% 左右；如果在邮件邀约技巧没有问题的情况下，客户不回复邮件，可继续短信/微信邀约，可有了上次邮件未回复的情况，短信/微信邀约的成功概率通常也不会太高。但是接下来再继续进行电话邀约的话，经过统计显示，邀约成功率会大大提升。这是为什么呢？通过分析我们发现，这是中国人注重的"事不过三"这一礼仪在起作用。如果我们把短信/微信邀约省略掉，直接先进行邮件邀约，然后接续电话邀约，经过反复实验和统计后发现这种邀约成功的概率并不高，所以"三"（"3"）这个数字很重要。

如果你不按邮件、短信/微信、电话这样的顺序邀约，而是反着来，当然也可以约到客户，但是邀约失败的概率会增加，所以邀约途径的顺序也很重要。

情境、关系、熟悉程度不一样，邀约的具体结果也会有所差异，大家在实际工作中可以灵活运用。

第五节　第一次拜访客户的成果是什么

销售活动是由一次又一次的拜访和沟通组成，但在很多销售的拜访沟通中存在着大量的无效拜访。本节我将和大家一起探讨销售第一次拜访客户应产生的成果。销售只有弄清楚首次拜访会碰到哪些销售场景以及应如何应对，才能提升拜访的效果和效率。

一、一个完整的拜访流程包含哪些环节

销售拜访是销售活动中最基础也是最重要的活动，通过销售拜访我们一般要达到 3 大目标：了解项目各个方面的信息，用于判断项目的进展状态；应有效影响客户关键人，争取在销售过程中获得关键人的支持；应有效推进订单。

那么，一次完整的销售拜访，其流程应包含哪些环节呢？简单说，一次完整的拜访活动应包含"约""问""听""说""要"这5 个环节。

1. "约"的环节

邀约客户是销售拜访的第一个环节，约不上就谈不上见面及沟通，不能见面就不能很好地影响客户。具体的邀约方式详见前一小

节中所述。

2. "问"的环节

销售高手在拜访客户时是从提问开始的，通过提问了解目前客户自身的情况、客户项目的情况以及竞争对手的情况，最重要的是了解和判断客户的期望和认知标准。

3. "听"的环节

有效倾听不仅是表示对客户的尊重，还是对客户输入的信息进行有效判断、整理、分析、排序的过程。通过这个内化的过程，销售人员才能在下一环节，即"说"的环节有效输出，进而影响客户。

4. "说"的环节

"说"的环节也是销售能否影响客户的最为关键的环节。不是一开始见客户时就要滔滔不绝地说，而是要清楚，在不了解客户需求的情况下所做的输出一般很难影响客户。而我们可以通过之前的有效提问和有效倾听这两个环节，对客户需求或动机进行试探性了解，然后再通过"说"这一环节中的销售动作去影响客户。这样的"说"才能产生效果。

5. "要"的环节

所谓"要"就是和客户要下一次的拜访承诺，以此来持续进行项目的推进工作；也可以通过要拜访承诺来测试销售此次影响客户的效果。

二、为什么要强调拜访成果

我们在拜访客户的时候要特别注意拜访成果。具体有以下几方面的原因。

1. 销售拜访中存在大量的无效拜访

一个销售的无效拜访率保守估计约占总拜访量的20%。假设销售一周有6次拜访，一年差不多有300次拜访，无效拜访约有50～60次；如果是一个30人的销售团队，一年的无效拜访就大约有1500次。由此可见，无效拜访耗费了公司大量的人力和资源，这背后就是销售成本的增加。

所以，无论从销售转化还是销售管理的角度，都要重视进而尽量避免销售拜访中的无效拜访，且非常有必要把拜访成果量化，由此来强调拜访成果。

2. 拜访成果来自拜访目标

强调拜访成果，离不开每次拜访目标的设定，有了拜访目标就可以设定拜访成果。虽然拜访成果不一定容易量化，但是朝着量化的方向走，一段时间内销售的无效拜访肯定会减少，拜访效率也一定会提高。

3. 拜访成果能够反馈拜访质量

在销售管理中，拜访量是一个非常重要的销售考核指标，只有拜访量上去了，才会有好的业绩；除此以外，拜访质量也越来越被销售管理者所重视，因为较高的拜访质量代表着较高的转化率，转化率提高了，销售以及销售组织的效率才能提高。

4. 拜访成果有利于量化考核

销售基础管理三要素中，除了能力和心态，针对拜访量的管理也很重要。但是在大客户销售（复杂销售）中仅有拜访量的管理往往是不够的，因为大客户销售拜访有很多不同的类别，比如初访客户、产品演示、技术交流、需求调研等都属于不同内容的拜访。大客户销售中一定会有这些拜访环节，但这并不意味着只要我们参与了这些拜访环节，就会有好的销售业绩，所以，非常有必要把拜访质量纳入拜访成果的考核当中来。大客户销售的竞争优势是在各阶段积累而成的，销售只有在各阶段的拜访环节都做好自己的工作才会积累出优势。因此只有将拜访成果实现标准化才更能体现考核的意义。

三、第一次拜访客户的 4 个拜访场景

做过销售的人都知道，第一次拜访（即，初访）客户的效果会直接影响后面的成单结果，所以初访的重要性不言而喻。

那么，怎样才能算是一次好的初访呢？有的说要让客户认可公司的实力；有的说光认可公司的实力还不行，还要认可销售本人的实力；还有的说初访要让客户对销售本人产生信任。这些说法对吗？坦白讲都对，但都缺乏实际效果。

首次拜访客户之前，我们有以下两方面的准备工作要做。

首先，分析这个客户是什么类型的客户：增量客户有其初访方法，存量客户也有其初访方法。其次，在约访沟通过程中，需要简单了解一下客户目前的状态，比如，若是增量客户，目前是在需求阶段还是在方案阶段，抑或是已经在价值评估阶段了；若是存量客户，是什么原因导致对方产生更换系统的需求。

所以，销售在初访客户时至少能遇见 4 个具体且常用的拜访场景，这也造成了大客户销售的拜访流程难以用线性的方式来归纳总结，原因就是拜访客户是由不同场景组成。销售只有明白了其中的道理，具备了不同场景下的沟通能力，才能做好首次拜访。

下面我们以拜访增量客户为例，分析一下在初访的不同场景，销售应使用的具体销售动作。

1. 激发兴趣（场景 1）

客户目前的采购决策状态是已经知道有问题存在，但是还没有感觉到问题不解决会带来痛苦。所以在这个阶段，销售必须采用兴趣激发的手段去激发客户对痛苦的感知，只有客户感觉到问题的存在，也明白问题不解决会带来痛苦和影响，客户才有可能继续对采购决策作评估及判断。所以，销售在这个场景下的主要目的是激发客户的兴趣，而客户对你有兴趣的直观表现是客户会乐意和你继续交流、沟通下去。

2. 建立采购标准（场景 2）

客户在这个阶段的采购决策状态是客户已经知道痛苦，并且已经为解决问题设定了目标。很多情况是这样的：客户在已经感受到痛苦时却还不清楚需要何种产品进行匹配，当然就更不清楚产品需要哪些功能，性能上需要哪些指标来满足。而此时供应商的销售人员就要告诉客户，为了满足需求，为了把这件事做好，且要尽量避免产生风险，客户的采购和选择标准应该有哪些。这个场景下，销售拜访的目的是帮客户去建立采购标准。

3. 改变采购标准（场景 3）

客户在这个阶段的采购决策状态是已经有了明确的改进目标，并且内部也讨论过大体的定位和要求，甚至有了非常具体的措施，以及非常明确的采购标准。销售在该场景下的拜访目的就是要改变客户不利于己方的采购标准，要有意识地往有利于己方的方向去引导客户。

4. 突破机会缺口（场景4）

针对增量客户，除了上述3个场景以外，还可能有第4个场景就是在客户的采购流程已经进入招（投）标阶段的情况下，此时客户邀请我们去参与投标，极有可能是让我们去陪标。这个场景下，我们可以提出调研客户的要求，比如提出拜访采购流程的决策人和主要关键人，也许有机会打开一个缺口冲进去。如果客户无法响应我们的要求，我们就可以礼貌拒绝。

除了增量客户，作为销售人员我们有时也会拜访存量客户。存量客户如果有了更换供应商的需求，我们一定要及时了解，是什么原因造成客户要更换供应商，是服务不好、成本高？还是需求满足不了？抑或是业务转型。这个阶段的客户一般有自己较为明确的采购标准，销售一定要做到与客户的采购标准高度相符才能在后续工作中建立优势。

如果有存量客户直接要求你去参加投标，那就参照拜访场景4中面对增量客户的情形去和客户沟通，争取突破的机会吧。

四、销售拜访前的6项准备工作

销售拜访中最难评估的是拜访效果，这是所有销售管理者都会面临的一个难题。

"还行吧""还可以""客户觉得我们实力不错""客户挺认可的"，销售管理者在听到销售员这样的回答时简直一头雾水，不知如何评估。

那么，有没有一种方法，既能提高销售拜访效率，又能让管理者评估拜访效果时有据可依呢？也许下面这 6 项自我检视的准备工作可以帮助有类似需求的人。

1. 拜访目的是否清晰

销售拜访客户的目的大体可分成以下几种，分别是激发兴趣、了解需求、建立标准、获得优势、建立关系、价格谈判等。销售只有明确了每次拜访的目的，才能更好地准备、思考，从而达到更好的拜访效果。

2. 问题清单是否准备

为了达到本次拜访目的，你应提前准备好一份客户问题清单，这会让你更好地了解客户关键人的需求，也能和客户更好地沟通。

3. 价值传递是否清楚

比如，本次拜访，销售要向客户传递的价值点是什么？这次拜访想传递的是产品价值、服务价值还是整体方案的投资价值？每一种价值其所具有的不同含义，会影响客户的角度也不同。

4. 销售工具是否完善

比如，销售需要应用哪些销售工具，是案例介绍、竞品差异化对比分析、投资效益分析，还是客户购买前需要关注的问题等。

5. 客户会出哪些"难题"

应提前设想客户的企业会出哪些"难题"来为难你，包括客户冷淡不积极、对价格反应激烈、对产品功能不认可等。碰到这些销售阻力时，销售应有相应的预判和应对之策。

6. 拜访后的销售承诺

好的销售都会在本次拜访结束前为下一次拜访见面准备一个很好的理由，同时争取向客户要到销售承诺。这些是这次拜访成功的标志。

做好以上拜访工作后，销售在具体打单过程中就会有很多良性变化发生，如业绩提升、效率提高、能够整体把控销售方向、销售动作更专业……既然有这么多好处，我们确实应该试一试。

第六节　迅速了解客户及判断客户现阶段状态

本节将介绍初访客户的两个场景：一个是如何拉近与客户的距离；另一个是如何差异化地介绍公司。另外，本节还会重点介绍应如何判断客户现阶段的状态，以便更好地去影响客户。

一、如何拉近与客户的距离

如何做到初次见面就能拉近和客户的距离？这个过程称为"破冰"，即可以在短时间内消除和客户之间的陌生感。

这方面的常用技巧有以下 4 种，供大家参考。

1. 年轻化法

这种方法多用于与客户的女性领导见面。因为职业的关系，我经常要接触初创公司 CEO（注：首席执行官），一般见面我就会说，"张总，您看起来比网上照片年轻多了。""李经理，以前只在电话里听你的声音，感觉很年轻，没想到见了面才发觉更年轻。"虽然只是一两句恭维的话，但也能拉近双方距离。

2. 思想引申法

思想引申法就是销售通过网络（媒体）上登载的或者通过客户内部相关人士的描述对其领导的某类言论或者发言进行理解后的一个引申解释。

每个人都喜欢和自己有共鸣的人交谈，尤其是客户公司的领导本身就是有思想见地的人，如果我们能够就他的言论引申出一些自己的看法就很容易引起对方的共鸣。

3. 文化解读法

顾名思义，文化解读法指针对客户企业的文化价值观，有属于自己的理解和解释。在企业管理中，领导对企业的文化价值观越来越重视，也有越来越多的领导把企业价值观引入到员工绩效和成长的考核当中。

针对客户企业的文化价值观，我们可以和对方谈谈自己的理解，也很容易拉近彼此的距离。

4. 重视代入法

这种方法一般应用于客户关键人级别不高的情况。你从外部或者客户的公司内部网站上找不到对方的任何资料，这时你可以这么说，"李主任，我在来咱们公司的路上，就一直在思考这次拜访能给您提供哪些帮助！"

上述这些小技巧只要灵活运用，一般都可以迅速拉近和客户的距离，消除陌生感！

二、如何差异化介绍公司

销售能够为客户提供有针对性的公司介绍，可以令客户对本公司及销售本人刮目相看。

有的销售认为自己公司的规模比较小，也没什么可介绍的；有的销售认为自己公司是刚起步的初创公司，也介绍不出什么亮点。

那么，怎样才能做好公司介绍呢？下面我总结了己方分别是大公司、垂直公司、初创公司这3种不同公司的介绍方法，供大家参考。

公司介绍应重点体现出"多""专""精"这3个字。

这3个字针对的是不同的公司类型。因为不同的公司类型，所需要的介绍方法也不一样。

1. 大公司要介绍"多"

大公司可介绍的东西很多，总的原则就是体现一个"多"字，人员多、收入多、客户多、案例多、服务项目多等。其实"多"就代表品牌，"多"就代表地位，"多"就代表实力。

有时正因为可介绍的东西太多，所以销售不知如何介绍出重点，所以这里建议销售要准备时长分别为1～3分钟、15分钟、30分钟这3个版本的介绍，用于销售过程中会遇到的不同场合。

2. 垂直公司要介绍"专"

垂直领域公司或者专做某一行业的公司，不像大公司有那么多人员、客户、案例。在做公司介绍的时候就要着重介绍对行业或者垂直领域的理解，专注性的介绍是非常必要的。

销售只有深入介绍对领域及行业的深入理解，比如发展情况、存在问题、有哪些机会，并详细描绘出公司产品和服务可以为客户解决哪方面的问题，客户才会留下比较深刻的印象。

3. 初创公司要介绍"精"

一般情况下，初创公司人员少、规模小，该怎么介绍公司才能不落俗套呢？这时就要从"精"的方面入手，比如创业团队的背景、创业领域新技术方向、市场的空白领域等。

公司介绍的重点在于差异化，只有差异化才能让客户感觉到你所在公司的与众不同之处，只有差异化才能为建立更有针对性的竞争优势打下基础！

三、快速判断客户状态以及需求层次的技巧

如何能用一句话引导客户说出其目前项目的情况？这就需要销售运用相应的技巧来实现。

这个销售技巧一般用在第一次见客户且做完公司简单介绍以后，接下来的重点就是你要详细了解客户的情况，而不是拿出产品来讲解或者是滔滔不绝地一直说下去。

这时你可以问一个开放性问题，所谓"开放性问题"就是让客户必能开口回答的问题，然后再根据客户的回答来判断其目前的状态。

比如：

①"李主任，针对企业用 CRM 系统来做销售管理，您是怎么考虑的？"

②"王总，用视频会议提高沟通效率，对此您是怎么想的？"

③"徐经理，目前存在的网络安全隐患，对此您有没有具体安排？"

销售要利用这些开放性问题，让客户把目前的状态描述出来，接下来再根据客户所说的情况作出具体的判断。

客户的回答一般有以下几种情况。

①"也想过，但是没有具体考虑。"（需要对客户做兴趣激发）

②"针对你说的这种情况，我们确实也存在类似问题，但是问题还没有那么严重，都在可控范围内。"（可以利用痛苦影响类问题对客户做兴趣激发）

③"确实有过考虑，但是现在感觉无从下手，不知道从哪个方向开始。"（针对客户的具体情况做采购标准建立）

④"已经开始考虑了，我们对供应商的具体要求是，必须要满足……"（需要改变客户认知）

⑤"业务上我们确实存在这些问题，我们会采取如下措施……"（需要改变客户认知）

最后，我们根据客户的回答对其目前所处的状态作出判断，比如，客户目前处在采购决策中的哪个阶段。

如果客户处于仍未发现问题或者刚刚发现问题还没有具体改善方法和措施的阶段，销售就要去激发客户的兴趣，让客户对自己目前的问题有一个清楚的认识。

如果客户已经发现问题并开始着手改变或者已经开始做采购流

程的评估和调研了，这种情况下销售需要做的就是帮客户建立采购标准，从而获得先发优势。

如果客户已经形成采购标准，并且有了具体的改善措施，销售在此阶段就要去改变客户的认知，并重新考虑如何获得竞争优势。

第七节　如何影响和改变客户的认知

本节内容是这一章的核心，不仅把客户的需求分成 3 个层次，同时还把影响客户这一环节分成激发兴趣、建立标准、改变认知这3 个核心的销售动作。

一、客户需求的 3 个层次——标准、需求、动机

经常听到领导问手下的销售：你跟的这个项目，客户的需求是什么？

大多数销售的答案是：产品，解决客户的业务问题，及达成客户的个人想法。销售把这些统称为客户的需求。

我希望销售可以针对这些需求去积极地做应对，比如，检查产品功能是否符合客户的构想；客户提出的服务要求，我们是否可以满足；针对客户的实际业务问题，我们是否有相应的解决方案；客户个人的想法、个人的利益，我们是否可帮助达成等。

且针对客户的这些需求，我们有必要对其进行归类，梳理清楚后再跟客户沟通，更好地去影响客户的想法。

我们可以把以往的笼统需求分成 3 个层次，分别是标准、需求、动机。

（1）所谓"标准"，就是客户为了满足自己的采购需求对供应商提出的要求，这种要求包括但不限于以下各方面：产品、方案、服务，公司规模与资本；专业人员的研发能力和实施效果；已有案例与资质情况……

客户采购标准的制定也会有如下特点：

不同采购角色或者关键人因为所处的岗位和承担的责任不一样，所以其采购标准不同；

客户的采购标准是客户根据自己以往经验或者通过学习形成的，作为销售，我们只能引导而不能评价对错；

客户的采购标准是满足客户业务上的需求和具体的采购动机而存在的。

（2）所谓"需求"，就是客户目前存在的问题，问题需要解决就变成了需求。客户的需求一般体现在业务、管理、组织、战略等几个方面。

客户的需求体现在两个阶段：客户问题存在阶段以及客户需要解决问题而设定目标阶段。注意：需求一定是客户自己的而不是供应商的；关注客户的需求也就是通常说的以客户为导向。客户的不同采购角色或者不同关键人，其对需求的理解不一样。

（3）所谓"动机"，即客户的动机源于追求快乐、逃避痛苦的人性本质。动机一定是客户关键人的想法，具有隐藏、不公开的特点。动机也是客户关键人支持这次采购行为的原因。满足客户关键人的动机通常也就获得了客户关键人的支持。

二、影响客户关键人认知的 3 个关键销售动作

大客户销售中的工作可具体分为 3 类：第一类是影响客户关键人的工作；第二类是配合客户采购流程的工作；第三类是思考如何赢单的工作。

在大项目销售中，尤其是在大客户销售中最能直接体现销售个人价值的就是：影响客户关键人认知的能力。销售影响客户关键人认知的具体行为可细分为以下 3 个关键销售动作。

1. 激发兴趣

在大客户销售中，客户关键人认知的起点是其对现有问题严重性有清醒的认识。如果关键人认为现在公司不存在问题或者问题不解决也影响不大，这种情况下他就不会产生改变的想法，自然也不会产生采购的行为。

只有关键人认识到问题的严重性，认为不解决问题会给组织或者个人带来很大的影响，他才会有改变的想法。

那么，如何让客户从没有想法到有想法到要去改变？这就要靠销售去激发客户的兴趣，客户有兴趣才会发生后来的改变行为。

2. 建立标准

客户的兴趣被销售激发出来了，客户也有要做出改变的想法了，但是客户对如何改变仍然不是很清楚，具体表现为提出各种问题，如：解决问题要靠什么方法和手段？什么样的产品及方案才能解决现有的问题？具体产品及方案从功能到要求都是什么样的？

客户不清楚，销售就要告诉客户：为了满足你现在想要解决问题的需求，供应商的产品和服务应该具备哪些条件。满足客户需求有几项非常关键的因素，如果不具备，问题就得不到解决，需求也

就无法得到满足。销售就是要告诉客户：能够满足你的需求的最好方案的标准方法是什么。这个销售不断给客户答疑解惑的过程就是帮助客户建立标准的过程。

3. 改变认知

客户的采购标准可能是你建立的，可能是竞争对手建立的，也有可能是客户通过学习、了解后自己建立起来的。此时你想要赢得订单，就必须要让客户的认知标准朝着有利于你的方向转移。

我们把这一系列的关键销售动作称为改变客户的认知标准。

三、如何为客户建立采购标准

什么是采购标准？简单讲，采购标准是客户为了完成采购任务并确保采购目标顺利达成的一种或者多种方法和手段，可以细化到具体要求和措施。

（一）为客户建立采购标准的具体内容

客户采购标准的建立是一个从模糊到明晰的过程，最初的最基本的标准体现在对产品功能及性能的要求，然后会扩大到人员、服务、可参考案例及整体解决方案等其他的要求。为客户建立采购标准的根本目的还是要满足客户的采购需求和采购目标。

1. 产品功能及性能的要求

客户对所要采购的产品的要求，主要体现在两个方面：第一是对产品功能的要求；第二是对产品性能的要求，要详细到对性能指标的具体要求。

2. 人员的要求

客户对供应商一方人员的要求，首先是对人员工作履历、经验的要求，应详细到对人员的学历、能力、背景等方面的要求。

3. 服务的要求

客户对供应商所提供服务的要求，包括响应时间、人员经验、服务模式、服务价格等方面的具体要求。比如：时间响应满足7×24小时；要求人员驻场服务等。

4. 可参考案例的要求

客户对供应商提供的可参考案例的要求可能会有以下几种，最常见就是同行业案例、同规模案例、同区域案例、大品牌的案例、特色管理的案例。

5. 整体解决方案的要求

客户对供应商提供的整体解决方案的要求，一方面包括技术方面的要求，另一方面包括一些商务方案的要求。

6. 对甲方（客户）的建议

有的客户希望供应商在为自己提供产品或者项目实施的过程中，能够为甲方即客户自身提出合理化建议，比如人员配合、管理配套、硬件要求等。

7. 涉及客户原有供应商配合的要求

有的项目，客户会要求原供应商给予配合和支持，比如数据对接、咨询方案指导等。

8. 供应商资质的要求

有的项目，客户会对供应商的相应资质提出一些具体要求，比如 ISO 9000 质量管理体系认证以及各种相应的资质等。

（二）为客户建立采购标准的原则

1. 排序原则

所谓排序原则，就是在为客户建立采购标准或者向其提出合理化建议时，须把采购标准分成刚性要求、一般要求、建议要求。

2. 差异化原则

针对客户的具体实际情况，建立不同的采购标准。

3. 设置障碍原则

为客户建立采购标准时，一定要同时给竞争对手设置一些不容易跨越的障碍。

4. 非同原则

因为客户关键人可能不只是一个人，对项目的认识也会存在差异，所以面对不同的关键人，同一项目的采购标准也要有区别。

5. 非局限性原则

非局限性原则即指采购标准不仅指的是产品层面，还应包括很多其他方面，这样销售才会有更大的施展空间。

（三）为客户建立采购标准的两个阶段

客户在没有感觉到痛苦以前，作为供应商的销售，为客户建立采购标准是没有用的，因为这个阶段客户对采购根本就没有兴趣。此时的销售就需要持续挖掘客户需求和扩大客户痛感，从而激发客户的兴趣，让客户产生初步的采购需求，进而主动为客户建立采购标准。

1. 目标—要求

此时的客户还没有很细致的想法和要求，只是有一个初步的目标。在此阶段客户为达到采购目标而做的保障措施不是很完善，还只是处于内化的阶段。此时是销售帮助客户建立采购标准的最好时机。

2. 要求—措施

此时的客户通过采购标准的建立，已经开始向外寻找助力以完善具体措施。在此阶段客户会寻找外部的相关专家和供应商来帮助自己厘清具体要求和措施。

上述两个阶段都会有比较明显的标志，销售务必在这两个阶段把握时机，帮助客户建立采购标准。

四、如何改变客户已有的采购标准

客户的采购标准是随着采购需求的不断变化而逐步形成的。在项目前期，如果销售无法改变客户的采购标准，那么针对该项目，销售在以后的打单过程中会感觉很艰难，因为客户的采购标准不是被我方销售影响就肯定是被竞方销售影响了。一旦客户受其他竞争对手影响，该竞争对手一方肯定会具有先发优势。此时销售要做的就是改变客户的采购标准，如果改变不了，就要重新评估针对该项目的打单策略及资源投入情况。

如果说激发客户兴趣是销售能力的体现，那么为客户建立采购标准就是销售能力的核心体现；如果说能够建立采购标准是销售的一项核心能力，那么能够改变客户采购标准就是销售核心能力的一次飞跃。销售只有完成这次飞跃，自身整体能力才能得到质的提升。所以，销售只有具备了改变客户采购标准的能力，才能算是成功迈出成为明星级销售的第一步。

（一）无法改变客户已有采购标准的危害性

（1）在后续竞争中建立优势会很艰难。

（2）后续打单过程中，对资源的消耗会越来越大。

（3）将会很难掌控整个项目的进展节奏。

（4）即使在项目的后期进入价格战，也很难靠低价拿下订单。

（5）会影响整个打单团队的信心。

（二）改变客户采购标准的时机

1. 采购目标刚刚建立

此时由于客户的采购目标刚刚建立，还只是大概的框架，具体的采购目标还需要进一步确认和沟通，所以在这个阶段改变客户的采购标准相对容易，客户也容易听进去。

2. 具体要求不清晰

客户的采购目标有了，但是客户对完成采购目标的具体要求会很笼统，比如产品要轻量级，服务要好等。这个阶段客户还说不出具体想落实的采购细节，这个阶段改变客户采购标准也是合适的时机。

3. 保障措施还没有得到完善

客户为了保证采购目标的完成，制定了相应的采购要求，但具体的保障措施还不是特别完善。此时客户方还未形成解决方案，客户方内部也还未就采购项目达成共识，因此，销售还有机会改变客户采购标准。

（三）改变采购标准的方法

1. 增加客户采购标准中的内容

所谓增加客户的采购标准，是在客户原有的采购标准基础上增加新的与采购标准有关的内容，然后再重新排序，把对己方有利的标准往前提，最好是前3项都改为有利于自己的采购标准。

2. 细化客户原有的采购标准

对客户原有采购标准进行细化，比如要求的细化、具体措施的细化等，销售可以在细化的过程中，把己方产品和方案的优势植入客户的采购标准中，为竞争对手制造障碍。

3. 重建客户的采购标准

当很难对客户的采购标准进行增加和细化时，就需要考虑从客户的采购需求和采购动机入手，去改变客户的采购目标。只有客户采购目标改变了，具体的要求和措施才会随之改变，才有机会重建客户采购标准。

❧ 第八节　如何给客户提交解决方案 ❧

大客户销售中的提案是指获得客户认可后提供给客户的材料。正确的提案应包含提案计划表、价值验证模型、项目成功标准这 3 个部分。

一、提案计划表

传统意义上的销售提案是指在获得客户决策人认可的情况下，针对客户的具体需求由销售一方提出的解决方案。但是，大客户销售特别是大项目的销售提案其范围要更大，具体包含提案计划表、价值验证模型、项目成功标准 3 部分内容。

提案计划表有如下特点：

① 提案计划表体现的是客户的采购流程；

② 越大的项目其提案越复杂，制作提案计划表的目的是消除客户的采购风险；

③ 提案计划表一定要符合客户及其所在行业通行的采购特点，不是越复杂越好；

④ 有立项就会有招标，所以，立项与否是确定提案复杂程度的重要标志；

⑤ 简单的提案计划表可以只是一场产品演示；

⑥ 提案计划表一定要请客户修改；经修改完毕的提案计划表即为客户自己的计划流程。

下表即为一张提案计划表的示例，供大家参考。

提案计划表					
事件	时间	负责人	是否完成	是否继续	是否收费
双方技术人员进行交流		我方（注：即供应商一方，以下同）			
参观类似的成功案例		我方			
现状梳理、需求细化		我方/客户			
提交初始方案		我方			
内部立项		客户			
在开发环境下组织进行 POC 测试（注：即 Proof of Concept，针对客户具体应用的验证性测试）		客户/我方			是
双方讨论初步成功标准		客户/我方			
招标准备		客户			
招（投）标		客户/我方			
招标谈判		我方/客户			
合同签订		我方/客户			
确定实施方案，双方就成功标准达成一致		我方/客户			
项目实施		我方/客户			
衡量成功标准		我方/客户			

二、价值验证模型

销售在打单过程中经常会碰到这样的情况：销售在为客户提供了解决方案以后，客户那里却长时间没有反馈，销售只有等待；即使项目最终还是往下继续推进了，销售也不得不在后续的谈判环节做出很大让步。

这种情况在销售打单中很常见。因此，价值验证模型（下表）可以被作为销售流程中的一个重要工具，销售可以用它来判断该项目的价值并协助销售能够在谈判环节不做无谓让步的前提下获得订单。

价值验证模型表　　　　　单位：元

类别	第一季度	第二季度	第三季度	第四季度
收益				
增加利润				
降低成本				
避免费用				
季度收益				
累计收益				
投入				
一次性投资				
持续投入				
季度投入				
累计投入				
纯收益				
季度收益				
累计收益				
说服对象：销售总监、财务总监	1. 一年后纯收益			
	2. R_{oi}（第一年）：%			

价值验证模型用于记录和呈现客户使用了销售所推荐的产品和服务所能获得的相关经过量化的财务收益。价值验证模型可以在给客户的销售提案中体现。从呈现形式上讲，价值验证模型能比 R_{oi} 更直观和全面地反映出客户预期投资收益的详细情况，其中不仅有投资收益，还有对何时产生利润的合理预测。

价值验证模型的使用可以帮助销售在价格谈判中尽量避免做让步提供强有力的依据。

价值验证模型的使用有以下几个关键点。

① 客户的哪些业务受销售所推荐的产品和服务影响比较大，尽量用量化指标将其在模型中展现出来，不易量化但影响大的部分也要列出。

② 必须让价值验证模型得到客户负责该项目的关键人的认可，因为这是客户在进行采购决策时的有力支撑证据。

③ 价值验证必须预估收入或者利润的增加值，或者是成本的降低值，周期长的项目需要考虑具体时间范围。

④ 需要明确我方哪些能力可以帮助客户改善业务。

⑤ 价值验证模型也要体现出达到投资收益平衡点的大致时间。

三、项目成功标准

不同于价值验证模型中的财务量化指标的考量，项目成功标准首先是要确定项目成功要素，然后根据成功要素的基准值去测定一定周期内的项目提高值。

建立项目成功标准会对销售有很大的帮助，不仅可以有效地提升签单成功率，更可以提升销售人员在客户心目中的可信度和信誉度。

建立项目成功标准的注意要点包括：

① 标准和基准值的设定，一定要参考客户的具体意见；

② 衡量每项标准的频率要符合客户业务特点；

③ 项目成功标准还是要归因于销售所推荐的产品和服务，范围不能太宽泛，否则受外部干扰因素太大。

第九节　报价及价格异议处理

本节内容将介绍在客户立项后的不同阶段销售应如何报价、客户抱怨价格高时销售应如何处理以及 5 句话与客户探讨其价格背后的影响因素。

一、客户立项后的不同阶段销售应如何报价

针对客户立项后的不同阶段，销售应该采取怎样的报价策略？B2B 行业中大客户销售领域流传着的一句话可以作为此问题的回答：越早报价越被动。

确实，我们在没有了解到客户关于项目的真实需求、预算、规格、建设周期时，价格报得越早，后面越容易被动。

俗话说"降价容易提价难"，就是这个道理。那么，我们是否要等到项目后期或者招（投）标阶段再去报价呢？如果真是这样，我想大多数的客户会很不高兴，会认为销售的诚意不够。

现在，我们从客户采购流程这个角度来分析一下，何时应该给客户报价，或者针对客户在立项后的不同阶段，我们应该如何报价。

客户确定实施一个项目或者工程，大体会经历这样几个阶段：可行性分析阶段、项目立项阶段、选择供应商阶段、招（投）标阶段、项目或工程实施验收阶段（此阶段因为项目不同区别太大，下面我们就先不做赘述）。

1. 可行性分析阶段

如果客户向销售询问价格，后者要给客户一个大致报价而非确定报价，因为在这个阶段还存在很多不确定因素。比如，大体上的价格在 50 万～ 200 万元（人民币）之间，客户肯定会问为什么，然后销售再解释不确定因素对价格的影响。

2. 项目立项阶段

客户在此阶段询价是因为要将价格写入立项建议书。所以，此时销售在确定客户的需求、产品规格要求等关键因素后，需要提供给客户一个标准价格，即正常报价就可以了，切忌超出市场价去欺骗客户。

3. 选择供应商阶段

销售此时报价要考虑到竞争因素，要给客户一个合理的价格。所报出的价格高或低都应有其合理的解释。

这里有个解释技巧：所报价格高的部分一定要和质量、品牌、材料、人员等挂钩；而所报价格低的部分，一定要从节约成本的角度去讲才有说服力。

4. 招（投）标阶段（尤其是最后定标阶段）

有的客户可能会在该阶段对销售说：只要把价格报得再低一些，你们的希望还是很大的。事实上在这个阶段，客户早已心有所属，只是要借助你的报价去压价。

所以我们能做的就是告诉客户，价格不能再低了，价格过低就不能保证项目质量了。同时还要和客户讲一句："无论您选择哪一家，这些厂商都是不错的。"因为即使你在最后定标阶段屈服于客户的压价而终于低价中标了，结果也只可能是项目亏损或因成本降低实施标准致使客户不满意或被竞争对手看轻。

二、客户抱怨价格高时销售应如何处理

在大客户销售过程中碰到客户抱怨价格高并借此压价时应该怎么办？

"逢价砍半"似乎是很多企业采购人员或者是老板的习惯。那么销售在价格谈判中碰到这种情况该怎么处理呢？是据理力争还是拂袖而去？

这让我想起一件事情。几年以前朋友家装修，朋友让我和他一起去买家具。朋友在一家沙发店里转了很久，终于看中一套沙发，问老板多少钱，老板说15000元。朋友问8000元卖不卖。老板黑着脸说，少于14000元不卖。朋友和老板说：你看，你再降点、我再涨点，9500元卖吧。

最后，老板很不高兴地说：你看了这么久，这套沙发14000元一分也没和你多要，要买就买，不买就去别的地方看吧，朋友听到这样的话立马拉我走了。

回到大客户销售的价格谈判环节中，我遇见的出现这种情况的

一般是以下 3 类客户，现分享给大家。

①"逢价砍半"也没有什么道理可讲，这类客户就是有这种采购习惯，一般是大客户比较多。

② 客户是真的不懂，头脑当中就没有这种产品的价格概念，或者只有低端产品的价格概念。这类客户一般以增量客户居多。

③ 客户故意如此。客户其实并没有诚心和销售合作，只是利用后者来压价。

那么，碰到这样的客户，销售应该怎么处理呢？

第一，谈产品的差异化。碰到头脑当中只有低端产品价格概念的客户，作为产品供应商的销售人员，需要让对方知道自己的产品和低端产品的差别到底在哪里。

第二，谈产品的高价值。碰到客户拿你当备选压价时，你一定要抓住机会和竞品对比，列出你的产品或方案的高价值。

第三，谈己方的高投入。碰到客户没有价格概念或者有压价习惯时，你一定要谈己方投入的人员、时间、成本等，让客户了解价格高是因为有高投入，以此来显示对客户的重视程度。

上述 3 种方法，可单独使用一种，也可几种混用。

三、5 句话与客户探讨其价格背后的影响因素

销售在跟单过程中，总会碰到客户抱怨价格高的情景。下面我们从 5 句话出发来探讨客户抱怨价格高的背后原因。

前面我们了解到不同客户关键人在销售过程的不同阶段抱怨价格高的原因。这里我们重点分析一下，在商务阶段针对客户抱怨的

价格问题，销售可以利用哪些方法（或方式）试探出这些抱怨所代表的客户的真实想法。

下面总结了 5 种可以使用的句词方式供大家参考，简称为 5 句话。

（1）"您说我们的产品（方案）价格高，您能具体说一下吗？"

这句话有助于你了解：客户说价格高是随便说的还是意有所指，有些时候客户抱怨价格高就是随口一说，但有的时候则不是。此时销售就要用该句话去了解，客户说价格高是习惯使然还是确实对某方面的价格不满意。

（2）"您说我们价格高，主要是和哪家公司对比，显得我们价格高？"

有时客户说价格高是和竞争对手比较过的，所以我们在不太明确是否有竞争对手参与时，该句话有助于你了解竞争对手以及对手产品价格的情况。

（3）"除了价格，您看我们之间还有别的合作障碍吗？"

该句话多用于我们想要确定客户和我们是否有合作意向，如此可以了解我们在客户心目中的位置以及对方是否真的有合作诚意。如果有着强烈的合作意向，我们可以留着价格最后谈，先解决除去价格因素之外的其他可能会阻碍销售进程的因素。

（4）"您说的是我们产品（方案）整体价格高，还是具体某一部分价格高？"

有时客户说价格高是有所指向的。此句话有助于销售了解客户是否确定了解行业内的价格规范。

（5）"谈了这么久了，您的预期价格是多少？"

在销售确定客户和己方有合作意向以后，此句话一般是最后

"挤压"一下客户,借以确认客户的心理价位。

第十节　与客户高层沟通的技术

客户高层拜访是大客户销售中非常重要的一个环节。本节主要介绍为什么要进行高层拜访、如何约访客户高层以及见到客户高层后应如何沟通这 3 部分内容,供大家学习和参考。

一、为什么要进行高层拜访

在项目型销售的打单过程中,高层拜访是一项非常重要的工作。销售能力的高低,从获得高层拜访机会的数量以及对客户高层的影响效果这两个方面就能得到判断。

关于客户高层拜访,销售一般要在拜访的过程中完成以下几项工作。

第一,判断涉及项目机会等诸多信息的准确性。

虽然我们也会有判断项目机会的评价指标,但往往这些指标的得来都是靠从客户关键人中的非决策人那里了解到的信息,而这些信息的准确与否,其实只有得到决策人的认可才能得到确认。

其中有一项非常关键的评价指标要从客户关键人中的决策人(简称"决策人")那里得到明确的信息,即该项目对决策人而言是否是重要且紧急的。

第二,判断己方的竞争力如何。

决策人对自己的项目都会有相应的决策标准和决策依据。销售人员在了解到决策人的决策标准和决策依据后，要判断己方方案对客户业务的适应程度，并应确保己方方案能够给客户提供独特的商业价值。

第三，判断影响决策人的决策标准。

客户决策人因为要对其组织整个项目负责，因此他们会站到更高的层面理解该项目。而销售能否站到与决策人同样的高度去理解项目，是其能否和决策人对话的前提。

销售必须清楚地知道：客户决策人除了正常的业务需求外，更会关注企业文化、商业价值、整体战略价值、非正规决策标准等层面的内容。

第四，销售应判断出自己方案的价值所在。

从短期收入到长期收入，再到利润率，最后到战略价值以及风险规避，客户关注的痛点也是逐级递进的。销售应判断自己的方案能否从上述几个方面解决客户关注的痛点，并由此体现出方案的价值。

二、如何约访客户高层

前文介绍了销售拜访客户高层的作用。可以说如果销售在该项目的打单过程中一直没有见过客户高层，那么失败的概率超过50%。由此可见，在销售过程中高层拜访的重要性。

但在实际销售过程中，约访客户高层有时候并不是一件容易的事，所以在高层拜访流程中约访是一个非常重要的环节。

一般情况下，约访客户高层有 3 种方式，分别是直接约访、内部约访和外部约访。其中成功率最高的是内部约访，最难实现的是直接约访。直接约访成功率的高低和销售能力有着很大关系。

第一，直接约访。

直接约访是在内部约访和外部约访都没有途径实现的情况下，销售人员所采取的一种约访客户高层的方式。直接约访最忌讳的是一上来就直接给客户高层打电话，这种约访被拒绝的概率会很高。正确的方式是先发邮件，然后短信或者微信邀约，最后才是电话邀约。

第二，内部约访。

内部约访就是请客户公司内部人员协助销售方去约访客户高层，比如销售方通过 UB（即，直接使用者及其负责人）或者 TB（即，技术把关负责人）来约见 EB（即，最终决策人）就属于这种模式。内部约访的关键是要给协助约访人一个合适的约访理由。一般销售最常用的约访理由如下所示。

① 确保项目成功。协助约访人非常希望这个项目成功，并且非常认可作为销售方的我们。所以，在这一前提下我们可以让协助约访人替我们约访客户高层，以了解高层对于该项目的想法，从而确保能够成功签下该项目。

② 争取资源。协助约访人知道若想该项目取得成功，还需要有其他资源进入。他安排我们见客户高层也是希望由我们来向决策人表明其他资源的重要性。

③ 降低个人选择风险。协助约访人带我们去见客户高层，让项目决策人能够了解项目目前的状况，这样可以降低个人选择风险。

④ 高层互访。可以提出公司高层要拜访，让协助约访人约其高层领导。由于大客户销售过程中有时候要讲究职位对等，所以高

层互访的约访成功率会更高。

第三，外部约访。

外部约访，即借助外部资源来协助销售约访客户高层。外部约访的成功率取决于外部资源以及销售自身和客户高层的关系。

外部资源一般可以通过以下途径寻找：客户的外部顾问、和客户有交集的我们的客户、行业协会、客户高层身边的人等。

三、见到客户高层后应如何沟通

销售应有充分的准备，即见到客户高层后应和对方就哪些方面展开沟通交流。

首先，客户高层希望对方关注自己哪些地方。

第一点是他自己。这就是为什么销售人员在约访客户高层前要研究他的经历、文化背景、性格特征等。从这些资料中，销售要找出令他骄傲的过往，并以此为契机让沟通有一个良好的开端。

第二点是他的组织。企业的发展壮大离不开企业的组织，强大的组织是企业不断壮大、发展的源泉。

第三点是他的企业。企业对于老板来说就像是自己的孩子，辛辛苦苦奋斗多年，总是希望自己的企业能够发展壮大、基业长青。没有一个老板不希望别人不关注自己的企业。

其次，我们说说客户高层喜欢就哪些内容与销售人员沟通。简单讲，就是既有宏观内容又有微观内容。

第一点，从行业到企业。如果销售希望能和客户高层对话，那么就要老老实实地去研究客户所处行业的相关知识，只有销售自己具备良好的行业知识，才具备和客户高层对话的基础。销售不光要了解客户所在的行业，还要清楚客户企业在行业中的地位，行业价值链如何形成以及企业的商业模式、管理模式等。

第二点，从整体到局部。客户高层希望了解的是，销售从企业的整体发展中看到了哪部分存在缺点或不足，并希望你能提出合理化建议。

第三点，从过去到将来。既有对过去的经验借鉴，又有对将来的规划设计，是每个客户高层都喜欢交流沟通的内容。

最后，我们再说一下，谈哪些内容能更好地打动客户高层。

所有提供给客户的方案，都是在帮助对方解决效率、效益、战略这3个方面的问题。所以，对于销售人员而言：

① 如果你谈效率，组织效率的提升以及各部门的协同效率可能更会引起客户高层的兴趣；

② 如果你谈效益，客户高层喜欢你为其省钱的方案，当然会更喜欢你为其赚钱的方案；

③ 如果你谈战略，不光要有战略规划，更需要有战略支撑和落地实操。

总之，和客户高层沟通需要实力，这个实力来自销售人员日积月累的学习，没有所谓的捷径，只会是任重而道远！

第十一节　采购角色的分类

在简单的产品型销售中，最常见的客户分类方法就是按照荣格的八维测试理论把客户进行分类；在复杂的解决方案或者项目型销售中，客户分类则要复杂得多，可按该项目解决方案中所制定的采购角色和客户对采购的反馈模式进行分类。

一、客户特征分类在销售中的应用

有观点认为，可以根据客户性格特征去确定做销售的方式。比如使用 PDP 性格测试，把人类性格特征最后归类为 5 种动物，即老虎、孔雀、考拉、猫头鹰、变色龙。这个模型也被广泛应用到销售过程中的客户分类当中，类似测试还有血型测试、星座测试、九型人格等。

但在销售人员看来，这种按客户性格特征进行分类的方式在销售中的应用效果，其实是仁者见仁智者见智。

为什么这样讲？这是因为在销售过程中，客户关键人的认知及决策会受到多重复杂因素的影响，比如性格、职业、岗位、家庭、社会、动机等。

所以，这些分类方式在销售过程中的具体应用，要看应用的阶段和角度，如果运用得当还是对销售成功签单大有助益的。

今天，我们就来介绍并分析几种客户分类方式以及其在大客户销售中的应用。

（一）客户的反馈分类方式

客户的反馈分类方式是指销售人员在初步接触客户时对客户表现出来的特征进行分类的方式。有研究发现，客户的反馈特征可分为进取型、困境型、无欲型、自大型这 4 种。后文将会详细论述。

客户反馈分类方式可以用在销售初次接触客户时，根据客户的表现特征使用不同方法来激发客户兴趣；客户所表现出来的特征多是客户依据目前的工作处境而作出对销售推荐产品和服务的判断。

（二）按客户的采购角色进行分类

客户的采购角色即指在这次采购活动中，客户关键人所扮演的角色，大体可以分为 UB（直接使用者及其负责人）、TB（技术把关负责人）、EB（最终决策人）这 3 种。UB 判定哪家供应商符合需求，TB 考察供应商的技术匹配程度，EB 最后决定选用哪家供应商。

对客户采购角色的定位可以帮助销售在销售过程中与客户建立信任、消除风险和疑虑，但在更多情况下客户关键人还是会从项目责任的角度上来考察、评估供应商。

（三）PDP 性格测试分类

前文中提及，PDP 性格测试把客户分为老虎、孔雀、猫头鹰、考拉和变色龙这 5 种。老虎型客户决断力强，需要向其提供投资回报、具体案例作为决策支撑；孔雀型客户需要树立独特愿景及美好描述作为其决策支撑；猫头鹰型客户需要风险防范以及细节处理等方面的工作为其决策作支撑；考拉型客户需要从配合理解的角度支撑其决策；变色龙型客户因其具有善变的特质，只能从零风险或者转移决策风险等角度促使其作出决策。

PDP 性格测试可以应用在销售过程中需要客户下决心作出决策的环节。

二、如何与 4 种不同反馈特征的客户进行沟通

在大客户销售过程中，销售人员初步接触客户时，客户的反馈

特征一般有以下 4 种。

（1）进取型。

这类客户希望自己变得更好。他们在与销售人员的交流沟通中有一个明显的特征，就是对新事物感兴趣，无论是新想法、新思路、新技术还是新方案。

（2）困境型。

这类客户是指目前遇到困难的客户，他们与销售人员的沟通内容更多聚焦在碰到的困难，急于寻找解决问题的方法。

（3）无欲型。

这类客户安于现状，不想有什么改变。说得最多的就是"还不错""现在挺好"等这类语句。

（4）自大型。

这种客户自认为天下第一，别人都不行，最常见的口头禅如"我都能做到""这没啥了不起的"这类以自我为中心的话语。

针对这 4 种反馈特征的客户关键人，销售应注意以下交流重点。

① 针对进取型关键人。因为对方是一个积极求变的人，所以沟通的重点在于你的产品、方案、服务如何能让他变得更好。

② 针对困境型关键人。因为对方目前已经处在出现问题导致产生的风险当中，你只要提出针对问题的解决方案及详细思路即可。

③ 针对无欲型关键人。你只有让对方感觉到和外面的差距以及面临的潜在风险，他才会正视或者被触动。

④ 针对自大型关键人。针对这种类型的关键人，你不能直接采取说服的策略。这类关键人一般好名而不好利，可以先聘请其为外部专家，然后再针对该关键人的个性特点去做商务关系。

❧ 第十二节　异议处理及商务谈判 ❧

一、客户总说"考虑考虑"，问题出在哪里

销售在打单过程中经常碰到客户说"考虑考虑"，你知道问题出在哪里吗？

我经常说销售需要过"三关"，因为如果销售过不了下文提及的这"三关"，客户会一直犹豫，产生不了购买行为。客户犹豫的直接表现就是"考虑考虑""以后再说""还没想好"等诸如此类答复与其沟通的销售人员的话。

第一关：信任关。

我们经常说信任是销售的基础，没有信任，客户就不会和销售继续交流下去。

良好的职业形象和优秀的专业能力是销售获得客户信任的前提。所以，销售的首要任务就是获取客户的信任，只有获得客户信任，才有后面销售进程的持续推进。

这就是销售需要过的第一关：信任关。

第二关：价值关。

作为销售人员，你和客户有了信任之后，客户才会愿意和你继续交流下去。但此时，客户还要衡量你给他带来的价值是否足够，简单说就是：你的产品或服务是否能满足客户的需求以及满足程度如何。

只有客户感觉你提供的价值能够满足他的需求了，客户才会考

虑价格的因素。所以说,销售过程也是价值传递的过程。

这就是销售需要过的第二关:价值关。

第三关:风险关。

客户对你有信任,你的产品和服务也能满足客户需求,但此时客户还在犹豫。这表明,对方是在考虑自己的风险。

因为客户会认为:和你合作是可能存在风险的。这个事情交给你干,你能否干好,你有多少资源可以投入,可以保证产品或者服务一定可以应用成功,不会给他个人带来麻烦和损失。这些都是客户需要考虑的风险因素。

这就是销售需要过的第三关:风险关。

二、如何处理项目推进过程中的客户疑虑

销售在进行客户项目推进的过程中,处理客户的疑虑或顾虑是销售过程中必不可少的销售环节,只有处理好客户所疑虑的问题,才能有效推进项目。

在销售过程中客户之所以会产生这些疑虑,主要原因还是客户担心自己个人受影响。

比如:客户担心和销售接触频繁,会被公司同事误解;担心如果上了这个信息化系统,会让自己工作量增加,让自己更累;担心自己负责这个项目,如果做不好会让个人的声誉甚至前途受到影响;担心把销售引荐给高层领导后,项目不受自己控制等。

这些都是销售在项目推进中会碰到的客户疑虑。

客户有疑虑,大多不会向销售吐露,这就增加了销售在识别客户疑虑时的难度,所以在大多数情况下销售只能猜测或者凭个人经验去判断。

好在客户有疑虑，大多会有一些直观的表现，作为销售，你可以通过以下这些表现来判断客户疑虑的程度，从而找出相应的破解方法。

一般来讲客户的疑虑表现为分为5个等级：

① 犹豫。客户对于你提出的建议会犹豫不决，具体表现是客户一直在拖延。

② 疑问。即客户对你的实力和能力产生怀疑。

③ 反对。此时客户已经开始有了对销售不认可的情绪苗头，一般情况下是客户认为销售没有理解其本身的想法或者需求。

④ 争论。客户已经有了自己的认知，并不认可销售给出的建议。

⑤ 抵触。客户不愿和销售继续沟通下去，希望快点结束谈话。

针对以上5个等级的客户疑虑表现，相应的处理方法有以下几种。

① 探寻异议。一般情况下客户提出异议，是希望销售重视自己，希望自己的个人利益能够得到满足。此时销售的重点应在专注倾听客户提出的异议，而不是当场给予对方答复。

② 处理情绪。如果客户在沟通过程中明显带有情绪，那就要想办法先平复客户的情绪，常用的方法叫以同理心待之，就是站在客户的角度去想问题，去理解客户。

③ 挖掘疑虑。将客户的疑虑了解清楚，安抚好对方情绪后，就要了解客户疑虑产生的原因。这里要采用深入挖掘客户疑虑的销售技巧，让客户把所有的疑虑都说出来。

④ 提出方案。针对客户的疑虑，我们给出自己力所能及的解决方案和思路，从而获得客户的认可。

⑤ 确认排除。最后还要确认客户的所有疑虑是否都已消除，

不要留"尾巴"。

三、如何进行商务谈判

商务谈判是销售打单的最后一个步骤，可以说这是"临门一脚"。这"临门一脚"的好坏直接决定最后的结果。

销售商务谈判的原则是：计划先于行动。具体含义是，在进行商务谈判以前要想清楚下面的几件事。

① 这次谈判一定要有结果吗？

② 你能接受什么？

③ 你愿意付出什么？

商务谈判过程中销售应掌握以下几个技巧。

① 在向客户让价时要表现出缓慢而勉强的状态，一定要让客户觉得你已经很尽力、很为难了。

② 可以忍受来自客户至少3次的"压价"，但是销售让价的幅度要一次比一次小，最后，要力争做到不让价。

③ 不要一味地无偿付出，在你付出时一定也要让客户做相应的付出。

④ 不要指望商务谈判今天必须谈成，在客户碰触到销售的谈判底线时，要有勇气说"不"。

销售进行商务谈判时还有两个谈判注意事项。

① 销售人员必须克服自己的情绪障碍，要明白谈判就是一场生意，无关人品，都是为了争取己方所能获得的最大利益。

② 必须要让客户相信他得到的价格是最好的，否则他就会认为自己吃亏了。

销售在商务谈判时，还要学会"使用'付出-得到'清单"（举例见下表)。

"付出 - 得到"清单

你的优先级	希望得到	双方潜在价值		可以付出	客户优先级
1	销量更大	××元	××元	付款条件	2
2	成功案例			培训折扣	1
3	转介绍更多			降低人工	3
不可谈判内容					
1	最低服务人工价格 ××××元 / 人天				
2	硬件一次性付款				

第三章

销 售 知 识

Chapter III

本章旨在帮助大家对 B2B 销售尤其是大客户销售过程中所涉及的销售知识点有一个全面的认识。不同于第一章中的入门基础知识，本章内容基本涵盖了 B2B 销售在销售过程中碰到的大多数问题。本章内容主要有销售认知、项目认知、技能与业绩、客户需求、需求挖掘技术、销售过程中的场景呈现技术、客户分类、客户看销售、技术交流、客户案例、兴趣激发、关于售前、解决方案、招（投）标共 14 个部分。

❧ 第一节　销售认知 ❧

在本节中，将主要介绍 B2B 销售培训中的方法论和技巧；顾问型销售和商务型销售如何融合；销售过程中商务技巧和专业知识到底哪个更重要；好销售既是"演员"也是"导演"以及 B2B 销售应该做"猎手"还是做"农夫"的相关内容。

一、B2B 销售培训中的方法论和技巧

我们经常会听到有些销售讲，最近公司从外面聘请老师来做销售培训了。这个时候，我经常会问一句：培训效果怎么样。得到的回答大概有 3 种："还可以""基本没什么用"以及"老师挺能吹"。其实这些反馈的潜在表达是对销售培训的不认可。

中国的销售培训发展基本经历了以下 3 个阶段。

阶段一：把成功学内容作为销售培训的重点。此阶段，培训的核心观点：无知者无畏，只要坚持就能成功。这种培训俗称"打鸡血"。有用吗？不能说一无是处，对于售卖课程甚至违法传销等是有用的，但听多了，人会失去判断能力，会被洗脑。

阶段二：引入国外的一些销售培训工具课，比如 SPIN、AIDA（"爱达"公式）、FABE 等。这些课程都各自提供了一套方法或者一套沟通体系。这些课程价格昂贵，落地执行过程中如果没有结合实际加以改造，很难产生实际效果。

阶段三：在此阶段，国内不同行业中的一些有销售实战经验的

老师开始做销售培训，这些老师的培训内容都带有自己所从事行业很深的烙印，同行业或者类似行业采用他们的培训会收到一定的效果。

那么到了现在，好的销售培训方法论和技巧有哪些呢？

（1）产品型销售培训。这种培训方法的基本理论源于我上面所说的 AIDA、FABE 等销售方法论。AIDA 是在讲一个销售流程；FABE 是产品介绍的一种方法。

（2）顾问型销售培训。顾问型销售的经典理论包括解决方案销售、SPIN、概念型销售、策略销售。其中，SPIN 和概念型销售主要是讲沟通和影响技巧的；解决方案销售里面包含 SPIN，它更像是描述销售流程，会利用很多销售工具来帮助销售；策略销售则更像是一套逻辑思维方法，能够帮助销售人员透彻地去分析项目和客户。

（3）项目型销售培训。我认为该方法是最简练、直接的一种销售方法。该方法的优点是更多地去对客户关键人做工作；缺点是对客户采购流程的分析有所弱化。

（4）价值型销售培训。这是近两年来销售培训行业主要研究的一种方法，该方法提倡：所有的销售行为应该从给客户创造价值开始。

那么既然有这么多种类的销售培训方法论，为什么大多数员工的销售能力经过培训之后并没有较明显的提高呢？答案是改变一个人是很难的，改变一个有一定销售经验的销售人员更难。因为一个人的改变会经历以下 3 个阶段。

（1）阶段一：认知改变。一个人的认知和其出生环境、生活背景、工作环境、所处时代有着很密切的关系，而认知的形成又是融合了经历、学习、领悟的一个综合产物。人只有经历挫折才会反思，才能引起认知的改变。

（2）阶段二：行为改变。行为改变其实也就是习惯的改变。我们都知道一个人习惯的养成需要很长时间，因此习惯的改变会很痛苦，没有很强的自制力和动力几乎很难达成。

（3）阶段三：结果改变。结果之所以能改变，一定是人的认知和行为发生了变化。做销售培训的老师们往往最希望在学员们身上看到的就是结果改变。

二、顾问型销售和商务型销售如何融合

近年来，各行各业都在试图进行销售模式的转型。转型主要分为两种：一种是产品型转向顾问型；另一种是商务型转向顾问型。似乎顾问型销售是企业销售模式转型的终极目标。这里，我们重点讨论下顾问型销售和商务型销售，看看这两种销售模式到底是否能融合并行？我们一起听听销售专家们是如何分析并得出结论的。

（1）顾问型销售和商务型销售都是针对人做工作。

企业没有利益，只有企业中的人有；同样，企业也不能进行决策，只有企业中的人能。所谓企业的问题其实并不存在，存在的只是人所认为的问题，也即认知大于现实。销售的所有行为其实都是针对个人展开的，企业的问题会通过个人反映出来。

顾问型销售，实际是针对人所认知的企业问题展开的；商务型销售，实际是针对个人利益是否得到满足而展开的。所以，综合两种不同的销售模式，其本质是一致的，即都是针对人而非针对企业的销售。

（2）顾问型销售和商务型销售在销售过程中可以实现从衔接到融合。

顾问型销售，适合于部分专业性强的行业；适合于销售过程的

中前期，用来与客户建立信任关系。和客户建立了销售关系之后，销售人员的下一个销售动作就是线下的沟通——单独沟通。这个单独沟通就是指和客户之间的利益沟通，没有信任就无法进入利益沟通环节，所以二者是一体化的。顾问型销售和商务型销售就是在此环节相互融合的。顾问型销售的根本目的在于建立信任，建立信任后销售和客户即从单独沟通开始以形成利益共同体为目标。此时，顾问型销售和商务型销售就已经很好地融合了。这两类销售模式都能够合理地存在，因为二者本质上都是要给客户带来价值。

（3）顾问型销售和商务型销售是销售的一体两面。

所有的销售技巧，都是为了和客户建立信任关系而使用的，但这仅是销售的中期阶段。与客户之间的信任关系是一种适中的销售关系，后面还有更为密切的利益共同体以及伙伴关系，所以商务型和顾问型这二者的销售本质没有区别。

三、销售过程中商务技巧和专业知识哪个更重要

我们将产品按价格高低和应用的复杂程度分成四个象限。下面我们分析一下针对不同象限中的产品，商务技巧和专业知识各自得到应用的程度。

第一象限中的产品，特点是价格高、应用不太复杂。这种类型的产品在销售过程中，商务型销售起很大的作用，比如销售工业用品行业中的大型设备等。

第二象限中的产品，特点是价格高、应用复杂。这种类型的产品在销售过程中，专业知识和商务技巧都很重要，但专业知识所起的作用会更大一点，比如咨询行业。

第三象限中的产品，特点是价格低、应用简单。一般是容易起

量的产品，比如办公用品、低值易耗品等。这种类型的产品在销售过程中商务手段会起一些作用。但近些年随着互联网的兴起，网络采购会对此类产品的销售产生比较大的冲击。

第四象限中的产品，特点是价格不高、应用相对复杂。可能有人会问：这种类型的产品有吗？对企业而言，满足需求、降低成本永远是不二法则，比如 SAAS（Software-As-A-Service，软件即服务）行业中的软件产品或者是工具类产品基本就属于此类产品。在这种类型产品的销售过程中，专业知识起的作用会略大些。

在销售过程中，专业知识和商务技巧永远是非常重要的两个方面，不能厚此薄彼。以上我们只是从产品的角度简要分析了一下商务技巧和专业知识在销售过程中所起的作用，供大家参考。

四、好销售既是"演员"也是"导演"

很多人在讨论到销售角色定位的问题时，会产生很多不同的理解和看法：有人认为销售就是负责把产品卖出去，其他的工作都不用管；有人认为销售不光要负责把产品卖出去，还要负责维护好客户关系；也有人认为销售不光负责销售产品，还要负责协助用户把产品用起来甚至还要用得好；还有人认为只要把产品做得非常好，销售工作简单做做就好。

本人在做了几年的销售管理顾问后发现，上述几种观点都有一定的道理，但也都不全面。不同的行业，销售人员的角色定位差别很大。由于价值链的不同，销售在其中所负责的工作内容也不同。有的行业要求销售只负责卖出产品就可以；有的行业要求销售不光要卖出产品还要负责售后服务；有的行业甚至还要求销售参与前期的研发设计环节。

但无论什么行业，销售人员都有两个最根本的职能：找到客户；卖出产品。单从卖出产品这个角度来讲，由于销售周期、购买决策、竞争对手的不同，所以销售人员的角色定位自然也不同。

（一）销售要做个好"演员"

功能型产品对销售要求的核心技能有两个：了解需求和产品展示。

销售行为基本是靠销售个人来完成的。功能型产品要求销售在了解客户的需求后，能将客户的需求和产品的功能特点建立起联系。也就是销售在做产品介绍时，必须讲清楚该产品的功能特点，能讲清楚满足客户哪些需求，以及能给客户带来哪些好处。从这个层面上讲，销售要做一个好"演员"。

（二）销售还要做个好"导演"

由于解决方案类产品和资源类产品的销售具有销售周期长、客户决策体系复杂、客户体验周期长、需求变化大、竞争激烈等特点，所以销售不再是单兵作战，而是采用团队销售的方式去打单。

团队销售的特点是团队成员角色分工明确、团队成员能力或者资源互补，需共同来满足客户在不同的采购阶段发起的考验，从而形成相较于其他竞争对手的竞争优势。而在较长的销售流程中，销售人员的工作内容也更多地转变为对客户采购流程的了解、销售进程的推进和控制，以及面对复杂的竞争如何去制定有效的竞争策略，调配资源以获得竞争优势。所以，从这方面讲，销售更应做个好"导演"。

五、B2B 销售应该做"猎手"还是做"农夫"

在 B2B 销售中销售一般分为两大类，我们称之为"农夫"和"猎手"。所谓"农夫"型销售（简称"农夫"），就是从培养客户开始，包括激发客户兴趣、帮客户立项、配合客户的采购流程等，销售人员一步步稳扎稳打，最后将全部销售动作转化为成功签单。所谓"猎手"型销售（简称"猎手"），就是寻找已经立项的客户，即找到已经有明确购买需求的客户，同时项目中也会有其他竞争对手在参与。"猎手"所要做的就是集中自己的优势参与到竞争当中去，最后拿下订单。

其实从销售的难易程度来讲，做"猎手"的难度要大于做"农夫"。基本上 10 个有明确需求的客户，"猎手"只能抢到 1 ～ 2 个，大概为 10% 多一点的成功率，在这类销售的打单过程中公司还要为"猎手"配备很多的资源以支持"猎手"。

所以，从成本考虑，"猎手"也会仔细评估签下客户的可能性，而不让公司先期投入很多资源。因为做"猎手"还有一个很重要的成本，即自己在公司的名誉成本。这是做一个好"猎手"的前提。

从销售周期来看：因为"猎手"属于"半路杀出来的程咬金"，与"农夫"的打单时间相比，销售周期要短，不是从一开始就勤勤恳恳地去开发客户、培养客户；而"农夫"型销售，因为要从识别潜在客户开始，负责激发客户需求直到成单，相对来讲销售周期肯定会长一些。

从销售能力来看，"猎手"不仅需要出众的商务能力，还需要自身具备一定的专业功底；更为重要的是对内外部资源的整合能力，这是"猎手"能够成功抢单的先决条件。"农夫"在销售过程中更被看重的是开发能力、转化能力，以及对项目的控制能力。所以，二者在能力要求方面不一样。

从成为"猎手"的机会来分析：如果你是知名大公司的销售，因为公司的品牌影响力够大，有时候客户会主动找你，相对来讲你做"猎手"的机会就会多一点。如果你是初创公司的销售，因为公司的品牌知名度等各个方面的影响力都不足，所以成为"猎手"的机会要少一些。

"猎手"和"农夫"属于两种截然不同的销售类型，没有高低之分。就个人而言，我更喜欢销售扎硬寨、打呆仗，其实这更有益于公司及销售人员自己的长远发展。

第二节　项目认知

本节主要从项目认知的角度介绍大项目采购的 3 个阶段；立项 3 件事；立项后到招（投）标阶段客户需要做的事，以便大家从项目的角度了解销售需要做的工作。

一、大项目采购的 3 个阶段

有过大客户销售经历的人应该都对雷克汉姆的采购三段论记忆犹新。该理论认为，可以把客户采购分成需求阶段、方案阶段、商务阶段这 3 个阶段，然后展示出需求、成本 / 价格、方案、风险等要素在此 3 阶段的变化，从而让销售知晓在打单过程中的工作和角色。

经过多年的实践和研究，我也总结了基于大客户采购流程的 3 个阶段，分别是立项前；立项后到招（投）标阶段；招（投）标阶段。我认为销售在清楚了解这 3 个阶段的工作重点后，能够在动态的大项目采购竞争中有效积累自己的竞争优势。

1. 立项前阶段

立项前阶段就是从客户发现问题，到想要解决问题，并为了解决该问题设定了目标和具体行动方案的过程。

甲方（即客户）立项最核心的工作就是写立项报告（也称可行性研究报告）。报告要具体分析当前存在的问题，并为了解决问题列出可行的解决方案。报告还包括要达到的目标、建设周期、预算、风险控制、资源配置等内容。

只有立项或者可行性研究报告在客户组织内部通过了，才表示这个项目的采购工作真正开始。

2. 立项后到招（投）标阶段

正式立项后至招（投）标的这个阶段，也就是考察供应商的阶段。客户在这个阶段的所有采购动作都是为了进一步验证供应商提供的产品或者方案的可行性；为了项目的顺利而进行的提前风险控制；为了用最经济的方式来满足公司需要，并达到设定目标。

在这个阶段，客户组织中不同层次的关键人会陆续登场，各家供应商也是紧锣密鼓地加以准备，尽可能获得和积累竞争优势。

3. 招（投）标阶段

招（投）标阶段是客户大项目采购的第三个阶段，也是其考察供应商的最后阶段。这一阶段是客户采购流程规定的必要阶段，客户采购都会货比三家，并且在采购预算达到一定金额后就开始启动招（投）标程序。客户通过招（投）标程序来获得最优的采购价格以及供应商最好的资源投入。

B2B 销售只有在充分理解了上述客户采购流程 3 个阶段的基础上，才能真正完成销售流程中的关键销售动作并与客户采购流程中的采购动作相对应，从而建立竞争优势以获得订单。

二、立项 3 件事

在 B2B 销售中，由于所涉项目金额大、周期长、人员多，立项这个过程是必不可少的。所谓立项，就是客户把该项目，做什么事、解决哪些问题、达到什么效果、需要多少预算、准备用多长时间等事宜规划清楚，并形成文字报告后上报领导获得审批的过程。

该项目在启动以前，客户内部会指定一个人来专门负责这个事情，我们通常称其为项目联络人。他一般具体负责与供应商的联络、立项报告的撰写以及一些流程的安排。

所谓立项 3 件事，即指销售要协助客户的项目联络人在立项阶段完成的 3 件事情，分别是撰写立项报告、制定时间表、建立规格标准。如果销售在立项以前能够和客户一起做这 3 件事情，那么赢得该项目的概率会提高很多。

（一）撰写立项报告

立项报告大体包括下面几部分内容：背景、现状分析、解决问题的方法及思路、目前的主要需求、可满足己方需求的供应商评价、预算及投资效益分析、时间计划。

（二）制定时间表

时间表的制定一般和客户的采购流程联系得很紧密，比如表中所应列出的何时和供应商初步交流、何时产品演示、何时技术交流、何时参观、何时提交报告上会、何时招（投）标以及何时项目实施等，都需要和采购流程中的各事项一一对应。

（三）建立规格标准

建立规格标准，一般考虑两个关键因素：满足需求；满足预算。

销售在协助客户的项目联络人完成立项 3 件事的同时，就可以清楚地了解客户的需求、预算、采购流程以及采购标准。好的销售在这一阶段就应开始做销售布局工作，为后面赢取项目获得先发优势。

三、立项后到招（投）标阶段客户需要做的事

立项后到招（投）标阶段客户的重点工作是考察供应商能力及其所提供产品、方案的可行性以及降低采购风险，项目金额越大、目标越多、应用越复杂，该工作过程耗时就越长。不同行业的项目，工作过程差别很大。下面这些供应商与客户之间的交流活动在客户的采购流程中经常出现，这些活动的主要目的就是帮助客户对供应商进行全面考察。

1. 技术交流

技术交流就是客户从技术层面来考察供应商的技术路线和技术

实力是否能支撑客户业务的具体应用，以及技术路线是否和客户的信息化战略相匹配或者可以弥补之前的不足之处。

2. 需求交流

需求交流也是较为常见的一种交流活动，目的是让供应商更好地了解客户需求，以便拿出最好的解决方案。

3. 产品测试

产品测试是验证供应商的产品能否满足客户业务需求的最佳方法。不同行业的产品测试过程差别很大，有的通过产品演示即可，有的必须要经过严格测试，有的还被客户要求亲自试用。

4. 参观考察

参观考察一般包括考察公司和考察案例。

考察公司是要看供应商的整体实力，对该公司的整体精神面貌、办公场地、人员等各个方面进行考察，重点是要考察该公司的实力是否能支撑为客户提供后续服务。

考察案例就是客户要对供应商的具体案例进行走访参观，看看案例方实际的应用情况，以及客户与案例方交流应用体验和选型历程。

有时候供应商会将参观考察这项活动放在立项前，目的就是协助客户加快立项进度。

5. 解决方案

客户要求供应商提供解决方案，其主要目的是要看方案中供应商对客户业务问题的理解和解决的思路及方法。这个环节非常重要，客户只有认可供应商的方案后才会和后者达成共识。

解决方案提供的时机一般在需求交流后两周左右为最佳。

第三节 技能与业绩

本节内容旨在让销售明白：在达到业绩目标以前，需要往哪个方面去努力；不同的销售技能对销售业绩的影响。具体包含以下7方面的内容：B2B销售人员的核心竞争力；销售如何走进客户内心；销售高手常做的3个销售动作；B2B销售遇到的五大难题；提高销售技能需要经历哪些阶段；不同段位的销售需要的核心能力也不同；快速提升销售业绩遇到的障碍。

一、B2B销售人员的核心竞争力

在这些年的实践与思考中，我总结了3点B2B销售的核心竞争力。

1. 有办法见到客户关键人

所谓有办法见到客户关键人，包括找到、约到、见到客户，不同阶段需要的销售能力不一样。

从找到客户关键人这个环节讲，首先要学会分辨哪些客户是自己的目标客户并为之做出画像，然后利用人脉、互联网等各种渠道找到客户关键人及其联系方式。

从约到客户关键人这个环节讲，销售需要不断提升自己的邀约能力。因为在 B2B 销售过程中，有很多环节必须要销售与客户做面对面的沟通，如果约不到客户关键人就没有办法开展后续的销售工作。

从见到客户关键人这个环节讲，销售要有能力和客户建立起信任关系，从而为后面的销售工作奠定基础。

2. 靠专业影响客户关键人

所谓靠专业影响客户关键人，即客户在没有需求的时候销售要去激发对方的兴趣；客户有兴趣却没有选择标准，销售就要去为对方建立选择标准；客户已经有了选择标准，销售要想办法使其选择标准向己方靠拢。

而上述这 3 项关键的销售动作，是销售一对一影响客户关键人的关键销售动作，也是销售个人价值的真正体现。但是这 3 个关键的销售动作都需要销售人员有很强的专业能力，没有专业能力做支撑，销售即使有再高超的商务技巧也影响不了客户。

3. 用价值去赢得客户关键人

销售人员所有的活动都要围绕价值去进行，所以销售过程也是价值传递的过程。从最开始的价值引导，到利用产品和方案展现价值，再到通过投资分析去落实价值，最后到通过案例证明价值，以及在销售过程中通过满足客户关键人的具体需求去赢得关键人，这些都是销售过程中价值的体现。

所以，B2B 销售人员的核心竞争力就是想办法见到客户关键人，靠专业影响客户关键人，通过满足关键人的具体需求去赢得客户关键人。

二、销售如何走进客户内心

曾经有培训老师说，销售尤其是 B2B 销售，要有同理心，即能够站在客户的立场去思考问题，切切实实地为客户解决问题。唯有如此，才会有机会走进客户内心。

确实，作为一名好的销售，同理才能共情，共情才能同谋，同谋才能共利，这也是销售的不二法则。那么，具体应该怎样做才能走进客户的内心呢？

（1）己所不欲，勿施于人。

首先，要相信自己的公司为社会和市场提供的价值，相信自己公司的产品能够给客户带来价值，相信自己能够把价值传递到位。

如果连自己都不信，就绝对不要把产品和服务卖给客户。这就是己所不欲，勿施于人的道理，也就是说，销售绝不可以欺骗客户。

（2）设身处地，感同身受。

在销售过程中，作为销售人员，要设身处地地去了解客户的需求，挖掘客户的痛点，秉持真正为客户解决问题的态度与客户交流沟通，而不是去忽悠客户。

在销售过程中销售人员应该多一些真诚，少一些套路，因为你的真诚，客户是可以感觉到的，同时也是最能打动客户的。

（3）将心比心，以心换心。

客户使用你的产品和服务之后有了问题，应做到及时解决，急客户之所急。切不可因为产品和服务问题，给客户带来麻烦和不好的影响。

销售人员要永远记住一句话：人心换人心。如果你能做好这3方面，一定会和客户成为朋友，也一定可以走进客户的内心。

三、销售高手常做的 3 个销售动作

什么样的销售才能被称为销售高手？

要想成为销售高手，除了会运用商务技巧，还应多修炼自己的内功，也就是对专业知识进行最大程度的积累、对客户需求极尽所能的配合以及充分体现自己的销售价值。

销售高手在具体的销售过程中经常会有以下这 3 个销售动作，由此展现出自己的过人之处。

第一，尽早进入客户的项目决策流程。

尽早让己方的产品和方案进入客户的项目决策流程，就意味着能有机会引导客户，抢占先机，获得先发优势。越早进入客户的决策流程，代表越有机会和客户一起确立需求、建立选择标准，进而得以制订时间计划、了解预算以及提前规划布局。

我见过很多这样的销售：他们只是在客户关键人的外围打转，或者客户让做什么就做什么，比如说客户让做产品演示就组织做产品演示，客户说要参观案例就去组织客户参观案例。自己全无主观能动性，这样的销售即使做再多年，也无法成为销售高手。

第二，全面接触客户关键人。

销售培训中有句经典语录："销售就是见人，见关键人，见决策人。"这句话全方位解释了销售活动的精髓。因为销售只有见到更多的客户关键人，才能获得更多的支持。

其实，销售活动的整个过程就是争取更多客户关键人和决策人支持的过程，也就是我们通常讲的销售要去做人的工作。

第三，向最高决策者销售。

拜访最高决策者是很多销售害怕做也做不到的事情，但经常受困于低层级的关键人会大幅度阻碍项目的发展，且容易让销售产生

自我否定。希望销售们能知道：在销售过程中能够否定你的人有很多，千万不要把他人的否定当作最终结果，应该勇敢地向最高决策者销售。

真正的销售高手是勇于并善于向最高决策者销售的。所以，销售人员越早接触和影响最高决策者，才越有机会提早获得竞争优势。

四、B2B 销售遇到的五大难题

B2B 销售有"五大难"，这 5 个难题一般存在于销售打单的过程中。让我们一一予以分析。

第一，寻找商机难。

做销售的尤其是做 B2B 销售的人都知道，拥有好业绩的首要条件就是要有好的商机。商机是销售的命脉，没有商机即使销售有再强的沟通能力也无济于事。

所以，B2B 销售的第一难是找到靠谱的商机。

第二，改变认知难。

客户的认知包含客户的认知标准、利益、价值观等诸多内容，其中有很多是客户在多年实践的基础上形成的，所以，改变客户的认知是一件很难的事，这个改变不仅需要销售的专业知识，还需要销售技巧。

所以，大客户销售的第二难是改变客户的认知。

第三，建立并积累优势难。

B2B 销售不同于简单的产品销售。一般情况下，客户在该项目上的预算越大，选择环节就越多，选择流程也就越长，如此就需要销售在长时间的沟通交流中不断积累自己的优势，不能有任何松懈。所以，这个建立并积累优势的过程相比其他类型的销售难度更大。这是大客户销售的第三难。

第四，策略制定难。

在销售过程中碰到竞争是不可避免的，那么销售就要考虑如何才能战胜竞争对手并赢单。赢单的前提是需要有正确的策略来保障；正确策略的前提是信息，而所得信息的全面性、准确性、及时性是对销售的一大挑战。所以，如何正确制定策略并确保其得以顺利实施，是大客户销售的第四难。

第五，协调资源难。

做过大项目销售的都知道，销售打单要面临外部销售和内部销售这两个不同的销售场景。其中，内部销售的主要工作内容就是协调资源。

但是资源对于每一家公司而言都是紧缺和稀有的，所以销售有时在内部销售中抢占资源也不是一件容易的事情。这就是大客户销售的第五难。

五、提高销售技能需要经历哪些阶段

其实，销售技能和其他知识一样，都需要不断更新，吐故才能纳新！

所以，销售技能的提高需要经历以下这几个阶段。

第一个阶段：无知者无畏。

在此阶段，作为销售新人的你初入行，只想着多卖产品，但是对如何做好销售还一窍不通，大多数时间就是跟着前辈学习。

第二个阶段：小荷才露尖尖角。

在此阶段，新销售通过公司培训也好，向别人请教也好，开始逐步掌握了一点技巧。偶尔也会签成一两单，你开始觉得自己做得还不错，但是若问你具体销售应怎样做，你很可能还是答不上来，或者只是用自己的认知去回答。

第三个阶段，有意识地去学习。

在此阶段，新销售逐渐变得成熟，开始发现自己所掌握的那些技巧并非总是奏效，开始感觉到苦闷。此时你才知道不同的客户，想法和需求也是不同的；自己以前所理解的都是点的东西，还没有形成线，更别说面和体了。此时销售会开始有意识地去学习。

第四个阶段，销售有了自己一定的方法或技巧。

在此阶段，通过有意识地学习，销售慢慢总结出了自己的一套方法。但是，实际情况是，这套方法只在销售自己公司的产品时才有效。

第五个阶段，修正自己的方法或技巧。

在此阶段，销售已经意识到，应该找一套正规的销售理论去学习和实践，以此来修正自己的销售技巧。

第六个阶段，吐旧纳新。

在此阶段，销售会寻找一些好的销售方法；还会非常关注外界大环境的变化，并据此调整并不断强化自己的销售技巧。

六、不同段位的销售需要的核心能力也不同

销售段位的提升是一个不断进阶的过程，销售在不同阶段应该掌握不同的核心技能。下面以 B2B 销售模式为例来讲述不同段位的销售所需要的核心能力，供大家参考。

1. 初级销售

初级销售的核心能力是找到客户并能激发其兴趣。具体过程

如下：

① 找到目标客户；

② 约到目标客户；

③ 激发客户兴趣。

2. 中级销售

中级销售的核心能力是通过差异化建立优势。具体过程如下：

① 差异化公司介绍；

② 差异化产品演示；

③ 差异化案例介绍。

3. 高级销售

高级销售的核心能力是拿下订单。具体过程如下：

① 改变客户认知；

② 制定打单策略；

③ 控制销售节奏。

4. 顶级销售

顶级销售的核心能力是说服客户决策人。具体过程如下：

① 约见高层；

② 高层对话；

③ 改变高层认知。

七、快速提升销售业绩遇到的障碍

销售业绩无法实现提升，主要有以下 3 方面的因素，前文我们也简单提过，此处再重点强调一遍，希望能引起销售同行们的重视。

1. 销售自身能力不够

销售的能力不够主要体现在以下 3 点。

① 找不到线索。销售线索对于销售来讲就是生命线，作为一名销售，即使你跟单能力再强，销售线索不够，巧妇也难做无米之炊。

② 转化能力不够。也称为跟单能力不强，就是指销售没有办法把线索变成商机，再将商机转化为订单。

③ 服务意识不强。为什么要强调服务意识这个问题？这是因为老客户续约占公司销售业绩的比例很高，如果没有足够强的服务意识且和客户的关系不好，很容易造成客户不续约的结果。

2. 销售的时间管理工作做得不好

时间管理工作做得不好，主要体现在以下两个方面。

① 销售业务时间和客户时间不匹配。销售不清楚什么时间和客户沟通才最合适，造成被拒概率高和日计划无法有效落实。

② 时间没有花在关键销售动作上。你会发现有不少销售每天看上去很忙碌，但就是业绩上不来。这里的"关键销售动作"是指一个销售用于能够影响签单的销售动作，比如调研、演示、方案等。

3. 销售自身素质层面有问题

销售的自身素质是最难改变的，但却是对销售影响最深的。销售的素质分为以下两个方面。

① 心理素质。有些销售的基本功很扎实，对产品也很熟悉，但是就是心理素质不过关。比如见到客户大领导就紧张，客户人多的时候就讲不好产品等。心理素质的改变可以通过多了解客户业务

和多练多见这两个方法来实现。

②行为素质。行为素质和销售个人的家庭、成长经历及环境有很大关系。

当然，影响销售业绩的因素还有很多，比如客户资源、公司支持、市场环境、领导风格等，此处不再一一赘述。

第四节 客户需求

本节旨在帮助大家从多个角度去认识有关客户需求的知识，包含客户需求的产生、需求的不同类型、如何鉴别真需求和伪需求这3方面内容。

一、客户需求的产生

产品型销售通常认为客户需求是其内心的诉求被激发的结果，销售只要做好兴趣激发，客户内心的诉求被场景调动出来后自然就会产生购买需求。比如，我们经常在火车上碰到推销商品的列车工作人员，有的卖水杯，有的卖袜子，还有的卖学习用具。我们通常是听了列车工作人员的讲解即所谓的"兴趣激发"而产生了兴趣，最后形成了购买行为。所以，非常典型的低价值、低价格的产品确实就是这样因兴趣激发使客户产生了购买需求而得以销售的。

顾问型销售同样认为需求是客户产生采购行为的核心，因为没有需求就没有采购。顾问型销售兴起于2B（即B2B）行业，在这个时期，销售对客户需求的重视达到了一个前所未有的高度。而 B 端客户的需求确实和采购有着千丝万缕的关系。

这里我们要重点分析一下，B 端客户需求产生的根源，也就是需求形成的"因"。

1. 问题

客户在组织发展运营过程中，受环境、经济、科技等方面的影响，会碰到各种各样的问题。这些问题的存在阻碍了企业的发展，但这些问题能否得到解决首先取决于客户对问题不解决所带来痛苦的感知。有些问题，客户是不清楚的，所以也就无所谓是否需要解决；而有些问题，客户是很清楚的，但还没有到必须要解决的程度，所以也不着急去解决。

2. 痛苦

客户知道有了问题，但不一定就要去解决；只有客户感觉到因问题引发的痛苦的时候，客户才会思考这个问题要不要去解决。这就像人感冒一样，打喷嚏流鼻涕不一定要上医院，只有高热浑身疼时，才去想办法解决。所以，顾问型销售对客户需求的判断是：不是客户无需求，而是客户对问题带来的痛苦感受程度还不够。

3. 影响

对客户组织而言，因组织架构使得岗位职能的分工不同，如果问题带来的影响只是关乎自己或本部门，那么可能会暂时先不解决或者稍后再去解决。但如果自己的问题带来的影响扩展到了其他部门，并且可能影响到其他人的工作进展和业绩考核，这就到了必须要解决的地步。

所以客户需求产生的根源是：问题带来的痛苦会影响到其他部门人员的相关利益。

二、需求的不同类型

销售人员都知道客户的需求至关重要。需求是销售之本，也是判断商机的一个重要指标。

接下来让我们来一起探讨一下销售中一定会遇到的客户的 6 种需求。

1. 个人需求和企业需求

在 B2C 和 B2B 的销售中，客户需求中都会含有个人需求。所谓个人需求，简单讲就是人的衣、食、住、行、用等生理需求，当然也包括安全需求以及归属需求、尊重需求和自我实现的需求。具体可以参考马斯洛的需求层次理论，即个人需求是从低级到高级、从物质到精神不断演变的。

所谓企业需求，就是指企业从创立到发展，再到扩张，最后到衰落，整个生命周期中遇到的各种各样的战略需求、业务需求、人才需求、管理需求等。

2. 理性需求和感性需求

每个人都会有两种感知，即理性和感性。所以，客户的需求也有感性需求和理性需求之分。感性需求具有直接性、场景化、满足感等特性；理性需求是在感性需求的基础上，对事物本质规律的认识，具有抽象性、概括性、序列性等特征。在购买行为中，客户的判断是理性的，而实际购买行为是感性的。

3. 显性需求和隐性需求

客户需求除了有企业和个人需求、感性和理性需求之分外，还会有显性需求和隐形需求的区分。

有一个著名的冰山理论：水面上的冰山代表的是客户的行为需求，比如产品、价格、质量；而水面下的冰山代表的是客户的心理需求，比如关系、情感、信任等。在 B2B 销售中，水面上的需求往往是客户愿意告诉你的也是正常情况下你能够想到的；而水面下的需求是客户一般不愿意讲出来的，也可能是客户自己不清楚的或是尚未意识到的。

当然，客户需求中还会有管理需求、业务需求、安全需求、刚性需求等概念。但上述 6 种需求是销售一定会遇到的客户最基本的需求，所以做销售的朋友们应该非常了解和清楚。

三、如何鉴别真需求和伪需求

了解客户的需求是销售流程中的一个重要环节，我们在前文中已经讨论过，但大多是讨论了解需求的方法以及需求和价格、价值之间的关系。

在实际的销售过程中还存在着很多的伪需求，销售如果不能甄别客户的伪需求，会给己方带来很大损失。

首先，我们讨论一下伪需求的危害性。

① 伪需求会直接影响成交。伪需求会影响销售人员的判断，造成后面的资源、产品、方案、服务错误配置，最终影响成交。

② 伪需求会造成资源浪费。需求的后续是公司资源的投入，不光是人员，还会有时间和金钱。如果不能甄别出伪需求，就会持续不断地浪费公司资源，如果不加以控制就会给公司带来很大的损失。

③ 伪需求会影响销售预测。伪需求不光会影响销售所作的价

格判断以及赢率判断，最终还会影响销售预测的准确性。

④ 伪需求还会打击销售的自信心，因为伪需求会直接导致订单丢失。

其次，在了解了伪需求的危害性以后，我们再看看如何判断需求的真伪。

① 看该需求是否源于客户的痛点。如果客户提出的需求对其来讲不是痛点，那么就属于可有可无的需求。

② 看该需求如果不满足所造成的影响。一个是对客户自己的影响，另一个就是对组织内他人的影响，如果需求不解决对客户方人员的影响不大，那肯定是伪需求。

③ 看到底是哪类客户关键人的需求。决策层、管理层、执行层的需求紧急程度和重视程度是不一样的，决策层的需求肯定要比基层管理者的需求更紧急和更受重视。

④ 看需求的时效性。有的需求虽然不是伪需求，但是客户心里明白这些需求各自的紧急程度，而客户一般是不会把这些告诉销售的。

销售过程中对需求真伪的辨别是销售所应具备的一项非常关键的基本技能。

第五节　需求挖掘技术

需求挖掘技术是 B2B 销售中一项非常重要的技能。本节将概括性介绍目前应用比较多的几种需求挖掘技术，如 SPIN、九格愿景模型、MEN 模型等，其中针对 SPIN 做了重点介绍。

一、客户沟通中的听说问

需求挖掘离不开沟通，下面我们先一起简单了解下销售的沟通能力。在销售与客户的沟通过程中有两类销售最常见：一类是喋喋不休、说个不停的销售；另一类是和客户沟通不了多长时间就感觉无话可说的销售。

这两类销售的表现其实是销售沟通过程中的两个极端现象，他们都没有弄明白和客户沟通的真正目的。

作为一名销售，你和客户沟通的真正目的是影响客户，而能够产生影响的前提是你要知道客户碰到什么问题、心里是怎么想的，这就是我们通常说的了解客户的需求。

销售沟通能力的提升要经历以下 3 个阶段。

1. 从话少到有话的阶段

新进公司的销售由于对公司的产品和案例等情况不是很了解，所以在和客户沟通时，基本属于话很少的状态。此时的销售由于在专业知识的掌握上还不过关，和客户的交流也经常不在同一个"频道"上，所以基本无法影响客户的想法。

随着销售对产品、行业、客户组织业务等多方面了解的不断深入，尤其是在对产品熟悉之后，再和客户交流时基本上就属于话比较多的状态了，会急于把产品的价值点告诉客户。

我们把销售的这个阶段称为从话少到话多的阶段。

2. 从说到倾听的阶段

销售有时会觉得自己很厉害，总想一股脑地把自己知道的产品价值都告诉客户，也希望客户可以尽快签单。直到销售在滔滔不绝时被客户打断或者突然发现客户心不在焉时，销售才会后知后觉，意识到自己的沟通没起作用。

此时销售才会明白，"只有自己在说"在销售与客户的交流过程中是不管用的，并能逐步意识到听的重要性，开始注意倾听客户的想法。而从客户的角度来说，客户说得越多，越能证明他喜欢和你交流。因为你的倾听让他感受到的不仅仅是礼貌，更是一种尊重。

3. 从倾听到提问的阶段

学会倾听的销售已充分理解自己适时安静、让客户表达的重要性。有时，客户不会把他的真实想法告诉你，而你在不了解客户的想法或需求时，就没有办法进行接下来的销售动作。此时销售就知道了问的重要性：只有学会提问，才能控制沟通；只有学会提问，才能了解客户的需求；只有了解了客户的需求，才能根据客户的需求为其匹配己方的产品和方案。

所以销售要清楚地了解说、听、问在销售沟通过程中的作用，这才是销售逐步走向成熟的标志。

二、几种主要的需求探寻技术

在销售过程中客户需求的重要性不言而喻，而需求探寻（需求挖掘）技术作为销售常用的销售技巧在发展过程中也经历了不少变化。下面简单介绍几种主要的需求探寻方法，供大家参考。

1. 开放式、封闭式问题以及确认类问题

将提出开放式、封闭式问题作为最早的销售提问技巧，已经被

广大销售所熟知，并且在销售过程中也得到了广泛的应用。

开放式问题即让客户能够开口说的问题；封闭式问题即让客户进行选择的问题；另外，还有一种叫确认类问题，即让客户认可的问题。

2. SPIN

SPIN 销售方法是指由著名销售大师尼尔·雷克汉姆创造的一套系统化的销售理论和销售方法。该方法为销售人员如何通过沟通开发客户需求提供了指导思路，让销售人员可以通过有策略的谈话揭示问题、激发客户需求。

3. 九格愿景模型

九格愿景是综合了开放型问题、控制型问题、确认型问题以及 SPIN 技巧的一种模型。它由两个维度构筑而成：其中一个维度包含了开放型、控制型、确认型这 3 种提问方式；另一个维度包含了引发需求的原因、影响需求的因素、解决问题需要的能力。

4. 概念销售

概念销售是米勒·黑曼公司提出的一套销售方法论。该体系首次提出"概念"这个全新的定义，也就是客户对当下的感知、感受、想法和对未来的期望。

销售在拜访前基于了解到的情况来预估当前客户的认知和期望，然后基于这个"概念"制定合理的约见理由和行动承诺。拜访中通过提问和倾听去了解和确认客户的"概念"，然后根据所了解到的"概念"制定相应的差异化优势，最后再利用场景化的方法去向客户展现具有针对性的销售动作。

5. MEN 模型

MEN 模型是国内价值型销售的倡导者崔建中老师在其所著的《价值型销售》一书中提出的概念。该理论首次把以前传统的需求进行了划分和归类，提出以期望、需求、动机为基础的 MEN 模型，为销售沟通创立了一个新的方法论。

三、开放型问题、控制型问题以及确认型问题

销售新手容易在和客户沟通过程中被客户带偏话题方向，所以销售有必要学会控制话题，从而掌握话题主动权。销售在跟客户沟通时要学会引导话题，而引导话题最好的方式就是提问。

最常用的提问方式有开放型提问、控制型提问以及确认型问题这 3 种（注：此处所提的 3 种提问方式即对应前文所述的开放式、封闭式及确认类问题。只是说法不同而已）。

开放型问题可以让客户根据自身经历、学识和关注的内容，自由展开话题。客户回答这类问题时会感到比较舒服，因为人们一般认为这些问题没有什么攻击性。采购过程的前期让客户感到谈话过程舒服是非常重要的，所以，建议最好还是以开放型问题开始和客户的沟通。

控制型问题类似于封闭式问题。我更喜欢用"控制型问题"这个概念，因为它能更好地体现这种方法的特点。封闭式问题一般的回答只有"是"或"不是"，而控制型问题能使对方说出更多销售关心的内容。控制型问题也有助于销售获得某些事物的量化信息，例如"多少"或"多长时间一次"。销售人员提出控制型问题

的目的是寻求特定的信息，帮助自己引导客户向己方公司所希望的特定的方向思考。

提出确认型问题的目的是确保客户和销售人员的理解是一致的。确认型问题可以帮助总结销售对客户回答的理解，可以展现前者倾听的能力、对客户的同理心以及自身专长，同时还可以帮助销售纠正此前谈话过程中的某些误解。

总之，开放型问题可以引导客户主动讲出更多信息；控制型问题可以帮助销售获得特定的信息；确认型问题可以帮助总结销售对客户回答的理解。

（1）开放型问题举例。

"您觉得在您的组织中使用我们的软件和服务的情况怎么样？"

"为解决越来越频繁的不能按时送货的问题，您曾采取过什么措施？"

"系统停工会对您的市场销售工作产生怎样的影响？"

"您认为最近客户满意度下降最重要的原因是什么？"

（2）控制型问题举例。

"您是否认为您没有实现利润目标的一个原因是无法及时统计数据？"

"假如您需要报表时，您的团队中的任何一个人都可以从同一个地方拿到报表并整理、打印出来，这对您有帮助吗？"

"您是否曾试图解决越来越频繁的不能按时送货的问题？"

"利润减少引起您的组织股票价值下跌了吗？"

（3）确认型问题举例。

"您说您的市场份额不能扩大的原因是缺乏产品研究，是吗？"

"听您这么说，这好像不仅仅是一个部门而是整个组织的问题，是这样吗？"

"这么说，您曾经试图解决越来越频繁的不能按时送货的问题，是吗？"

"听起来，您是想让客户能够从网上订货以减少存货，是这样吗？"

四、需求挖掘能力是产品型销售向顾问型销售转型所应具备的核心能力

需求挖掘能力是产品型销售转型至顾问型销售所应具备的一项核心能力。

以前经常有销售朋友问我：产品型销售怎么向顾问型销售转型？

目前的国内市场，几乎不存在卖方市场，各个行业竞争都很激烈。因此，对于 B2B 销售而言，提高企业的营销能力势在必行。

可实际情况却是很多企业还停留在产品型销售的阶段，即更注重效率，讲究大规模、大团队作战；对销售人员的要求是以产品为出发点把产品卖给客户；要求销售人员具备的核心技能是邀约、产品讲解、逼单等。

当然，如果在 B2B 销售中针对的是小 B 型客户（即中小型企业），运用上述方法的确效率高、见效快。但如果目标客户是大中型企业，销售管理者就会发现：产品型销售技巧完全不对路，而顾问型销售才更为合适。

那么，顾问型销售和产品型销售比较，到底有哪些不同之处？顾问型销售需具备的核心能力应有哪些呢？

抛开商务能力不谈，顾问型销售除了须具备产品型销售应具备的各项能力以外，还要具备需求挖掘能力、策略制定能力、资源运用能力。

在这 3 项能力中，需求挖掘能力是产品型销售转型为顾问型销售应具备的第一核心能力。

① 以客户的显性需求和隐性需求为例，顾问型销售更关注对客户隐形需求的挖掘。

② 顾问型销售更注重先诊断，挖掘出需求再出方案，而不是上来就开始直接讲解产品。

③ 相较于客户的问题，顾问型销售更善于从客户的痛点以及问题不解决所带来的影响来寻找客户的需求。

所以，想转型的销售朋友们，先从提高自己的需求挖掘能力开始吧！

五、简要了解 SPIN 提问技术

SPIN 销售方法（提问技术）是由著名销售大师尼尔·雷克汉姆创造的一套系统化的销售理论和销售方法。

SPIN 提问技术（以下简称 SPIN）的应用可以为销售人员如何通过沟通开发客户需求提供一种非常有效的指导思路，同样也可以训练销售人员通过与客户进行有策略的谈话揭示其问题、激发其需求。

SPIN 将需求发掘的沟通过程分为 4 个阶段：创造情境、探寻问题、激发不满、呈现愿景。

1. 创造情境

这一阶段工作的主要目的是利用一系列背景类问题（Situation Questions，即 SPIN 中的 "S"）将客户带入到由销售所创造的沟通情境中，同时搜集信息、了解客户的业务现状，为下一阶段的谈话内容做好铺垫工作。

2. 探寻问题

此阶段中，销售人员要结合了解到的信息，向客户揭示其业务中存在的问题。可以由销售人员提出难点类问题（Problem Questions，即 SPIN 中的"P"），也可以让销售对客户进行引导，由客户主动提出，然后再通过双方的交流对问题进行验证，使客户确认问题的存在。

3. 激发不满

此阶段中，销售人员通过一些暗示类问题（Implication Questions，即 SPIN 中的"I"）强化问题的存在，引导客户意识到问题存在的严重性，激发客户对现状的不满和重视。这一步在大项目销售过程中非常关键，如果这一步工作做不好，造成客户对所存在问题的重视程度不够，有可能就不会形成采购或者采购的预算会大幅度缩减。

4. 呈现愿景

在最后这个阶段中，由销售人员通过收益类问题（Need-payoff Questions，即 SPIN 中的"N"），把客户的思路引导到对解决方案的探寻；同时，销售可以抛出自己的解决方案，并为客户描绘愿景，使客户明确产品价值和采购收益。这一阶段也是销售导入产品的好机会。

SPIN 作为一种著名的需求探寻技术，已经被越来越多的销售人员应用到自己的实际工作当中。

六、SPIN 的 6 个知识点

我们经常会碰到喋喋不休的销售，他们认为自己的口才很好，甚至不给客户说话的机会。碰到这样的销售，大多数客户是能躲就躲的。

销售高手在销售过程中，其说、问、听之间是有一定的比例关系的，总的来说应该做到多听、会问、适当表达。"多听""会问"不光是销售技巧和能力，更是销售应具备的基本素质，因为懂得了听和问，销售就会懂得站到客户的角度去想问题，也就懂得了客户需求的重要性，而此处所讲的 SPIN 提问技术也是顾问型销售的一项基本技能。

SPIN 的应用涉及较多专业知识，即使销售人员明了了 SPIN 的理论方法，但能够做到熟练应用也要经历一段很长时间，因为销售是和客户打交道，所以在应用 SPIN 提问技术的过程中一定要深入挖掘客户的痛点。让客户承认和正视自己的痛点是件很难的事情。

SPIN 的确很难掌握，但销售如果想不断实现自我能力提升，对 SPIN 进行详细了解和学习如何应用还是非常有必要的。

为更好地学习和掌握 SPIN 提问技术，销售应该了解以下知识点。

（1）隐性需求和显性需求。SPIN 就是把隐性需求转化成显性需求的过程。

（2）痛苦和快乐。SPIN 是销售挖掘客户的痛点所在，最后和客户一起找到解决方案，从而得以消除痛点、获得快乐的过程。

（3）开放型问题和控制型问题。开放型问题是让客户多说；控制型问题是控制着客户让其按销售的引导去说。

（4）痛苦链应该是从个人到多人，从单个部门到整个公司的。

（5）提问的顺序应是先易后难。

（6）各个问题的设计一定是针对客户关键人的；关键人不同，

问题的侧重点也应有所不同。

七、SPIN 提问技术的具体运用

SPIN 提问技术的核心逻辑：它是从客户的 S（Situation Questions，背景类问题）入手，通过挖掘客户的 P（Problem Questions，难点类问题）以及扩大 I（Implication Questions，暗示类问题）来找出客户痛点，最后明确客户的 N（Need-payoff Questions，收益类问题）。SPIN 的运用需要一定的专业能力以及对客户关键人的了解；核心要点是挖掘客户关键人的痛点，提出满足客户需求以及解决客户痛苦的有利方案。

SPIN 的 4 类问题中，最容易提问的是 S，即背景类问题。

背景类问题也就是客户的现状问题，初级销售提问的范围一般都停留在这个层面。

提出背景类问题时要注意两点：随着和客户关系的深入，销售要转换到难点类问题上；背景类问题不能太多、太散，要和难点类问题产生关联。

SPIN 中的 P，即难点类问题也就是客户的事实类问题，它们反映的是客户的隐性需求，即客户对现状的不满、抱怨等。

提出难点类问题的数量和销售人员的技巧成熟程度有关，技巧成熟的销售人员可以通过客户对难点类问题的回答了解到更多实际情况。

这里需要注意的是：在小项目销售中，所提难点类问题越多越利于销售订单的成交；而在大项目销售中，所提难点类问题的多少与销售成功与否的关系不大。

且销售询问客户的难点类问题时，应该只关注己方的产品和服务能够为客户解决的难点问题，而不是提问越多越好。

而在大项目销售中真正起作用的是 I（暗示类问题），这是因为决定客户采购与否的真正因素是客户的价值等式（一方面是解决问题的紧迫程度，另一方面是解决问题的成本代价）。

当客户认为解决问题的紧迫程度要高于解决问题的成本代价时，客户才会产生真正的采购行为。

SPIN 中暗示类问题的运用要注意以下 3 个方面：

① 暗示类问题只对真正决策者有用。

② 暗示类问题不是越多越好，而是越深入越好。

③ 暗示类问题会影响客户的心情和情绪。

在应用 SPIN 提问技术的过程中，销售人员应借助难点类问题和暗示类问题的提出，不断挖掘客户的隐性需求，使之变为明确需求。

销售与客户沟通的目的是要给客户提供解决问题的方法，所以，如果说暗示类问题是以客户困境为中心，那么收益类问题（即，SPIN 中的 N）就是以解决方案为中心。

销售在提出收益类问题时必须要让客户明白：

① 对客户有什么帮助。

② 为什么解决这个问题很重要。

③ 客户能看到的利益有哪些。

使用收益类问题提问时须注意两点：一点是引导客户一起提出解决问题的方法；另一点是尽量以案例或故事的形式完成与客户的问答。

不能只将 SPIN 理解成一种技巧，而应将其视为用来判断客户采购习惯形成的一套逻辑方法。

SPIN 在价格高、应用复杂的商品销售或者大项目的销售过程中，有着广阔的应用空间。

因为 SPIN 提问技术的应用涉及专业知识、行业知识、客户心理学知识等诸多内容，所以销售人员要想熟练掌握并加以运用，就需要：勤加练习；多次实践；先数量后质量。

总之，用好 SPIN 提问技术不容易，但 SPIN 确实能提高销售专业能力和打单过程中的"战斗力"。

那么，哪些要素有助于销售能够具体用好 SPIN 提问技术呢？

① 理解工具。要理解 SPIN 是在什么环境下应用的，在应用 SPIN 时应该注意哪些内容，尤其是 4 类问题的定义、含义、用法等。

② 句式。SPIN 的 4 类问题，都会有固定的句式模板，理解并套用好这些模板，有助于销售在提问时形成惯性思维。句式的套用在 SPIN 里是属于技巧。

③ 客户关键人痛苦链表。制作该表需要有很强的专业性和逻辑性；该表融合了 4 大类问题及句式的套用，更详尽的链表还应包含其应用的场景。

④ 训练。把销售分成若干个小组，进行实地、多角色轮换演练，让销售分别站到提问者和被提问者的角度感知问题的准确性。

八、九格愿景模型

九格愿景是综合了开放型问题、控制型问题、确认型问题以及 SPIN 技巧的一种模型。

它由两个维度构筑而成：其中一个维度包含了开放型、控制型、确认型这 3 种提问方式；另一个维度包含了引发需求的原因、影响需求的因素、解决问题需要的能力。

九格愿景模型矩阵格如下表所示。

九格愿景模型矩阵格

九格	诊断原因	探究影响	构想能力
开放型提问	是什么导致你有……(重复痛苦)? 1格	除你之外,贵公司还有谁会受到这个(痛苦)的影响?是如何影响他们的? 4格	你需要做些什么才能够(实现你的目标)? 我有过类似经验,你想听听吗? 7格
控制型提问	是不是因为…… 原因1…… 原因2…… 原因3…… 2格	这个(痛苦)会导致……(其他的痛苦)吗? 如果会的话,那么(其他职位)也会关注吗? 5格	你提到(复述原因)……是否会有帮助,如果能够…… 能力构想1…… 能力构想2…… 能力构想3…… 8格
确认型提问	也就是说,给你带来(痛苦)的原因是……? 是这样吗? 3格	根据你刚才所说的……(重复"谁"和"如何")受到的影响。听起来这不仅仅是你的问题,而是一个涉及面颇广的问题!是吗? 6格	所以,如果你能够(总结能力构想),那么你可以(实现你的目标),是这样吗? 9格

九格愿景模型的应用原则是先诊断、后开药方。九格愿景模型具体应用原理如下。

销售先从需求引发的原因与客户进行开放、控制、确认3个层次的沟通;再利用得到的结论继续就问题不解决造成的影响进行开放、控制、确认3个层次的提问;最后从解决问题需要的能力进行开放、控制、确认3个层次的再次沟通,使得客户需求显性化、紧迫化，从而提出解决思路，获得客户认可。

（1）诊断原因。作为销售，你要设法探究和了解客户所面临问题的一切促成因素。另外，你要从量的角度诊断每一个促成因素在问题的形成中所占的比重。

（2）探究影响。在诊断并了解了问题的原因后，你要探究客户出现的问题对其组织中其他个人的影响，目的是了解该问题在组织中的影响范围。这种对话有助于证实、修改或构建痛苦链表。

（3）构想能力。在诊断了问题的原因和对其他人的影响后，你必须帮助客户形成解决方案的愿景。以一种为对方提供咨询的语气，生动、形象地描述行动愿景，说明你所具备的能力将如何帮助客户解决问题。

九格愿景应用的难点在于2、5、8格：2格是客户产生该痛苦的原因；5格是帮助客户加深对该痛苦的反应；8格是我们帮客户构建的差异化需求。而保证九格有效提问的前提是对行业和客户业务的理解。九格愿景模型的逻辑是：痛苦是客户的；原因是客户的；影响是客户的；能力是客户的；方案也是客户的。

九、MEN 模型

MEN 是由《价值型销售》一书的作者崔建中老师总结的一套销售拜访的方法论。MEN 模型是指把传统的客户需求分成客户期望、业务需求以及个人动机这 3 个维度，销售则可以从这 3 个维度展开和客户的沟通，从而获得客户认可的一种销售方法。

MEN 模型有如下 4 个特点。

（1）三维空间做销售。

一维空间做销售即指销售人员从客户期望层面进行销售活动，

即"你有病我有药"的模式，客户说：我需要 5 座的汽车，销售就说：我有 5 座的汽车。

二维空间做销售即指销售人员从客户的业务需求开始沟通，即从客户的业务需求了解需求背后的原因、影响因素，最后用产品和服务与之相匹配来进行销售活动。

三维空间做销售即指销售人员从客户期望、业务需求、个人动机这 3 个维度去进行销售活动，突破了以前的客户期望—提供产品的一维销售模式和业务需求—塑造期望—提供产品的二维销售模式，实现了"三维空间做销售"这一模式。

（2）以始为终。

MEN 模型的沟通是以客户期望为起点，最后以重塑客户期望为终点，也叫从期望中来，到期望中去，但是此"期望"非彼"期望"。

（3）共同开发。

重塑期望的过程就是销售人员与客户共同探讨目标、寻找障碍、寻找措施的沟通过程。过程中应本着双方参与、共同探讨，也即共同开发的原则。

（4）面向客户角色。

强调面向客户角色展开沟通，而不是针对某件具体的事去沟通。销售人员在此过程中不断探索对客户角色的认知，完成对客户期望的塑造。

MEN 模型的具体应用如下。

（1）从个人动机切入。可以用动机直接衔接客户期望，也可以利用动机引导客户需求。

（2）从客户期望切入。可以扩展和细化期望，也可以通过切入期望或者需求和客户沟通。

（3）从业务需求切入。可以扩展、细化、调整需求顺序，也可以通过切入业务需求和客户沟通。

第六节　销售过程中的场景呈现技术

本节将重点介绍销售过程中场景呈现以及产品演示的时机和方法。目前，场景呈现技术中应用最多的还是 FABE，且随着互联网技术的不断发展，销售过程中的场景呈现技术也越来越被重视。

一、FABE 技术的应用

FABE 模式是由美国俄克拉荷马大学企业管理博士、中国台湾地区中兴大学商学院院长郭昆漠总结出来的。FABE 模式是非常典型且具有高度可操作性的利益推销法。它通过 4 个关键环节，极为巧妙地处理了客户关心的问题，从而顺利地实现产品销售。

FABE 的具体含义如下。

① F 代表特征（Features）。即产品的特质、特性等最基本功能，以及该产品是如何来满足我们的各种需要的。例如从产品名称、产地、材料、工艺定位、特性等方面去深刻挖掘该产品的内在属性，找到差异点。特性，毫无疑问就是该品牌的产品所独有的。

每一个产品都有其具体的功能及内在属性，否则就没有了存在的意义，这一点应是毋庸置疑的。对一个产品的常规功能，销售人员基本都能侃侃而谈。但需要特别提醒销售人员的是：如果能深刻发掘己方产品的潜质，努力去找到竞争对手和其他销售人员忽略的、没想到的特性。当你给了客户一个"意料之外，情理之中"的展示时，下一步的销售工作就很容易展开了。

② A 代表优点（Advantages）。即由产品的该特征所衍生的优点，即 F 所列的商品特性究竟发挥了什么功能？即要向客户证明"购买的理由"：与同类产品相比较，列出比较优势或者列出该产品独特的地方。也可以直接或间接地去向客户阐述，例如：更管用、更高档、更温馨、更保险等。

③ B 代表利益（Benefits）。即该产品的这一优点（A）能带给客户的利益或该产品的优点（A）能带给客户的好处。利益推销已成为推销的主流理念，一切以客户利益为中心，通过强调客户得到的利益、好处激发客户的购买欲望。这个实际上是右脑销售法则中特别强调的，即用众多的形象词语来帮助消费者虚拟体验该产品。

④ E 代表证据（Evidence）。证据应包括技术报告、顾客来信、报刊文章、照片、示范等，通过现场演示、相关证明文件、品牌效应来印证之前的一系列针对产品的介绍。所有作为"证据"的材料都应该具有足够的客观性、权威性、可靠性和可见证性。

总结一下。

FABE——简单地说——就是在找出客户最感兴趣的各种产品特征后，分析这一特征的优点，找出这一优点能够带给客户的利益，最后提出证据，证明这一点。FABE 技术通过上述 4 个关键环节的销售动作，解答消费诉求，证实该产品确实能给客户带来这些利益，极为巧妙地处理好客户关心的问题，从而顺利实现产品的销售诉求。

二、场景式呈现的应用

为什么在销售沟通中，最能让人记住的是销售故事？就是因为这些故事有画面感。所谓画面感，其实就是由一个个场景片段组成，场景带给人的冲击力更强。

现在由于互联网以及 AI 技术的不断发展，场景呈现式营销得以越来越受到重视，我们在研究时也发现，场景呈现式营销也可以被应用在 B2B 销售过程中。

（1）SPSI 场景呈现法。

SPSI 即场景 - 问题 - 解决方案 - 冲击，是指销售人员不同于以往的利用 FAB 或者 FABE 等方式介绍产品，而是先从产品体验的角度营造应用场景。场景对应的是客户的业务问题，然后针对客户业务问题给出解决方案，再用富有冲击力的描述来影响客户。举例说明，详见下表。

SPSI 场景对应表

场景	问题	解决方案	冲击
客户公司人员在报销招待费时	不知道招待费用是否超出预算	报销时系统会自动弹出一个警示条，提醒本月费用是否已经超预算	这样就可以防止出现公司招待费用超出预算太多的现象，可以将预算控制在合理范围内，每年节约费用 ××× 万元
客户看到邮件是否点击打开	客户营销类邮件的打开率不足 5%	邮件从题目到内容都做了改进，尤其是内容方面，把以往文字描述变成三维动画	这样发给客户的邮件打开率提高到 30% 左右，增加新的销售线索 ×××× 余条，每年营收增加 ××× 万元左右

（2）价值型销售中的场景呈现法。

这个应用是在了解了客户的期望以后，销售使用场景呈现法描述客户的业务场景，然后列出解决问题的措施和方法，再提出问题解决后客户可获得的价值（举例说明见下表）。

价值型销售中的场景呈现表

客户期望	业务场景	提案措施	提案价值
费用超支预警	客户公司人员在报销招待费时	报销时系统会自动弹出一个警示条，提醒本月费用是否已经超预算	这样就可以防止出现公司招待费用超出预算太多的现象，可以将预算控制在合理范围内，每年节约费用×××万元
改善营销类邮件打开率过低问题	客户看到邮件是否点击打开	邮件从题目到内容都做了改进，尤其是内容方面，把以往文字描述变成三维动画	这样发给客户的营销类邮件打开率提高到30%左右，增加新的销售线索××××余条，每年营收增加×××万元左右

三、导致销售进行产品演示时机不对的原因

在 B2B 销售过程中，我们会经常碰到这样的情况：销售初次见到客户，简单寒暄后马上拿出产品给客户做产品演示，进行功能讲解。这种销售动作在多数情况下，会让客户听得晕头转向、不知所云。

为什么会出现这样的情况呢？主要原因有以下 3 种。

第一种，销售对客户的期望和目标不清楚。

这种情况又分为两种情况。

① 客户目前还没有想法，在这种情况下，作为销售，只能先去激发客户的兴趣，而销售错把产品演示当成激发客户兴趣的手段。

② 客户有期望和目标了，但是销售对客户的期望和目标并不了解，因为客户的期望和目标往往是概括性很强且很笼统的两条或者几条。销售在不了解的情况下去做产品演示，会导致目标不准。

第二种，销售对客户具体需求不了解。

客户在有了目标和期望后，才会思考为了达到这个目标而需要

采取的具体措施。而具体措施就是客户的需求，比如，客户今年的目标是电商广告成本降低 20%，有了这个目标后，客户会分析目前广告投入的方式、目前的效果怎样、带来多少转化、还有没有别的投放渠道、合理的投放金额是多少等。销售只有了解了这些具体需求以后，才会清楚己方产品与客户需求的匹配程度。

第三种，销售对采购动机不明确。

在和客户交流的过程中，交流的对象都可被称为客户的关键人，而每个交流对象都会有自己的想法。不同的关键人会有不同的想法，而关键人的想法就是客户的采购动机。举例讲，客户要上一个库房管理系统，你和管库房的大姐说了半天，比如库房管理可以降低采购成本、让物料登记更清楚等；但是这些根本不是管库房大姐关心的。她可能关心的是：上了系统，自己年龄比较大，电脑操作不利索，是否会被迫下岗；原本手工账管理也挺好，有空时还能织织毛衣。在类似这种销售对某个关键人的需求并不很清楚的情况下，急于给客户讲产品功能，结果会适得其反。

这里要明确一点，在和客户交流的过程中，销售不是不能讲产品，而是要讲究讲产品的时机和讲产品的对象。

四、产品演示（讲解）的 5 个层次

说起产品演示的技术含量，估计很多销售对此并不以为然：销售介绍产品，多么天经地义的事，哪有销售不会介绍产品的呢？不懂介绍产品的那还能叫销售吗？

但事实还真是这样，有太多的销售所谓的产品演示只是讲解产品的功能点，甚至有很多专职售前工程师的产品演示也还停留在这个水平。这是 B2B 销售界普遍存在的现象。

究其原因是很多公司对销售的产品培训不到位；销售对与产品有关的专业知识的掌握程度还远远不够。

在 B2B 销售过程中，产品演示（讲解）可以分为以下 5 个层次。

① 第一个层次：销售人员在产品演示过程中只介绍产品功能，包括产品由哪几部分组成，各个部分大体能够干什么以及有什么功能等。大多数销售的产品演示及讲解就是停留在这个水平上。

② 第二个层次：销售人员不仅能详细介绍产品功能，还能给客户讲解这个功能有什么特点，客户在使用之后能够带来哪些好处等。销售的产品演示及讲解水平如果能达到这个层次就已经比第一个层次有很大提升了。

③ 第三个层次：销售人员可以利用客户所熟悉的语言以及客户经常所处的工作场景来介绍产品功能，比如产品可以具体在哪个工作场景应用、能处理哪些业务以及还能带来什么好处等。如果销售的产品演示及讲解水平能达到这个层次，就已经是专业顾问的水平了。

④ 第四个层次：销售人员在进行产品演示讲解前就对客户关键人的需求很清楚了。这样，在做产品演示讲解时销售针对客户关键人需求，用客户熟悉的语言，有选择地做产品介绍，只讲客户感兴趣的功能，而非求全地去讲解。销售在演示及讲解产品时能达到这个层次，就具备活学活用的能力了。

⑤ 第五个层次：销售在进行产品演示讲解时不仅要考虑客户关键人的需求，还要考虑当前销售过程中的竞争形势。产品演示讲解的重点应体现出和竞品对比后，己方产品具备的差异化优势能够给客户带来更多或者更大的价值。销售的产品演示讲解到这个层次就属于专家级别了。

销售要想将自己的产品演示讲解水平不断提升至一个新层次，

就需要不断去修炼和提高自己在产品演示讲解方面的技能。

所以，销售的产品演示应既会讲功能还要懂专业，同时还应重点考虑客户需求、客户关键人以及竞争形势这 3 点。

五、演示、试用、测试的区别

在销售过程中，经常会出现产品演示、产品试用、产品测试这 3 个名词。那么这 3 个概念到底应如何理解？它们之间又有何种关系呢？

其实，无论是产品演示、产品试用还是产品测试，都是销售流程中的一个环节。

具体是要进行产品演示、还是试用或是测试，不同行业间的差别很大：有的行业只需要进行产品演示就可以了；有的行业需要试用，客户要提前体验；有的行业客户在选择产品之前还要进行严格的产品测试。

所以，这 3 个概念的区分，除了和行业有关系，还和产品应用的复杂程度及产品价值大小有关系。

（1）产品演示。产品演示就是把产品的功能、特点、收益以及具体应用向客户介绍清楚的过程。前文中已有提及，产品演示的详细程度可分为 5 个层次。

（2）产品试用。有些行业由于销售模式不一样，客户在购买产品以前需要有试用这一环节。有些产品也提供试用，客户试用感觉不错了就会下单购买。

（3）产品测试。在一些特定行业，由于产品复杂，客户要用产品可能会存在很多未知的风险，在这种情况下客户要对产品先进行测试。

SAAS（Software—as—a—Senvice，意为软件即服务）的产品，一般需要产品试用，因为这与SAAS行业的特点有关系。客户可以直接在供应商的官方网站上申请试用，一般试用期会有一个周期，试用到期后会进入下一个环节，也即是否产生购买交易的环节。

大型设备、安全类产品、大型软件这些产品除了演示外，还要进行产品测试；而在测试过程中，不仅要测试产品的功能，还要测试产品的性能和质量。

有的行业中的客户，在进行产品测试以前会给供应商提供自己的模拟业务流程和模拟数据，让供应商在自己的产品中把数据跑出来；有的行业中的客户会提供实际业务场景，让供应商的产品在自己的实际业务场景中去运行，从时间、效果、质量等各个方面去评测供应商的产品和服务。

这些环节有的是客户采购流程中必须有的，有的是销售人员或者竞争对手有意加入的。对于销售来说，销售高手可以通过这些环节来获得竞争优势；普通的销售只会对客户言听计从，客户让干啥就干啥！

六、如何避免产品试用的"坑"

产品试用是销售过程中客户会经常提的要求。有的产品操作简单，也有试用的流程；但是有的产品应用复杂，如果试用效果不好会直接影响销售。那么销售应如何避免产品试用的"坑"呢？

此处所指的产品，不像SAAS产品或者消费性产品，其试用过程是销售中的一个环节，复杂的、价格高的产品还是要尽量避免产品试用。

为什么要避免让客户试用？因为复杂的产品其应用复杂，而客户使用起来如果没有人辅导，一般情况下很难正常使用，但是客户又乐于把自己当产品专家，认为自己很懂供应商的产品，这就有可能造成试用的体验效果不好。

很多的大项目都是因为产品试用效果不好，被客户无限期地搁置，所以产品试用一定要慎重。那么是不是一定不能进行产品试用呢？其实，如果控制好流程，复杂产品还是可以试用的。

那么，复杂的产品如何让客户试用才会有比较好的体验呢？具体来说，应该有以下几个步骤。

① 试用前一定要和客户签一个试用协议。别小看这个销售动作，因为要执行客户公司盖章的流程，所以可以引起客户的足够重视。避免客户因得到试用机会太过容易而不当一回事。有了试用协议，客户也会为了试用产品而做相应的配合。

② 复杂产品试用时，供应商一定要提供专人辅导。一方面可以指导客户使用，另一方面还可以加强和试用客户的商务关系。这个环节非常重要，我们经常看到有的销售把试用流程发给客户，让客户自己去试用，认为试用后效果好客户就会购买。其实不然，复杂产品一般都会有复杂的试用流程，甚至包括环境要求和数据要求，没有供应商提供专人辅导，基本试用不起来。

③ 准备好试用数据和环境，让客户严格按着流程去试用，尽量不要让客户自己准备数据。这个环节也非常关键，因为供应商提供的流程和数据一般都是自己测试过的，只要按着流程来走基本不会出错；而客户提供的数据和流程因没有经过验证，会很容易出错。

④ 不要将产品所有的功能和性能都让客户试用，只试用核心功能就可以了，减少因客户试用范围大造成的失误。这就需

要做好试用功能的控制，因为复杂的产品往往其功能也会很多也很复杂，如果所有的功能都去试用一遍，既耗时耗力且实际意义并不大。

在复杂产品销售中，进行产品试用时一定要多注意，销售人员要尽量保证把以上几点工作做好，从而确保客户在产品试用的环节中得到一个较好的试用体验。

第七节 客户分类

在 B2B 销售中客户分类是客户管理的基础。没有分类的客户就是一张客户列表，只有把客户进行有效分类后才能做好数据库营销、客户档案、客户分层、客户经营等一系列工作。本节内容包括如何判断活跃商机；如何对客户进行分类；ABC 分类法下的客户划分以及针对各类客户的重点工作内容；如何处理"鸡肋"客户；针对不同客户群体如何制订工作计划；如何做好客户经营；客户不续费的 6 种原因共 7 项内容。

一、如何判断活跃商机

销售过程中活跃的商机一般只占到全部商机的 5% ～ 10%，这个比例很低。所以，对这些活跃商机的判断，是销售在投入战斗、投入资源以前非常重要的工作。

对活跃商机的判断，一般包括以下 4 个方面。

（一）活跃商机是否成立

活跃商机成立必须有以下 4 个要素。

1. 需求是否为刚性需求

所谓刚性需求，就是客户必须要解决的需求，不解决会对个人或者组织造成很大影响，是影响管理或者战略实现的关键因素之一。

同时，销售人员还要判断：对于客户的需求，己方能够满足的程度如何？有多少是己方可以解决的？有多少是己方解决不了的？

如果客户的需求需要己方整合外部的资源才能够满足，那么己方的实力如何？能否能获得足够资源满足客户需求？

2. 客户是否有明确的费用预算

明确的费用预算，即客户已经决定用多少钱来解决这件事。这里面有两个关键因素：客户有多少预算以及客户的预算中有多少是花在这件事上。

3. 是否有明确的决策人和决策流程

客户组织内部可能同时有很多项目，如果没有具体的决策人和决策流程，该项目就很容易无疾而终。

4. 是否有明确的时间规划

一个项目如果没有明确的时间规划，很容易被拖得遥遥无期。所谓明确的时间规划，指的是项目何时启动、何时实施、何时上线、何时验收等。

（二）该项目值得赢吗

一个项目机会对于我们销售来说到底是"蛋糕"还是"鸡肋"，应该提前对其作出预判，也就是要判断这个项目是否值得赢，通常要从以下几个方面来判断。

① 短期收益。判断该项目的短期收益是高利润还是不赚钱甚至是亏钱。

② 长期收益。判断该项目是否为虽然短期内不赚钱，但是后面还有项目机会，长期收益能够赚钱。

③ 利润率。根据短期收益和长期收益，判断出该项目的利润率。

④ 风险程度。判断项目实施的成功概率以及项目中蕴含的风险程度如何。

⑤ 战略价值。判断项目是否为：虽然目前不赚钱，但是对公司未来的业务拓展具有战略意义，有助于树立品牌。

（三）我们是否去参与竞争

1. 客户的采购标准

客户的采购标准是什么？针对客户的采购标准，我们的产品和服务的满足程度如何？

2. 适合的解决方案

针对客户的项目，我们是否有与之匹配的产品或者解决方案？

3. 销售资源的要求

我们如果想去竞争这个项目，对销售资源的要求如何？是否需要外部资源协助？

4. 与客户关系现状

目前，我们和客户的关系如何？客户对我们参与该项目是支持还是反对？分别是哪些人？

5. 独特的商务价值

针对这次采购项目，我们是否可以提供独特的商务价值给客户？所谓独特的商务价值，是我们独有还是差异化优势比较明显？

（四）我们能赢得该项目吗

① 客户内部关键人对我们的支持程度如何？

② 是否有内线提供足够完备的信息，用以支持我们的策略和分析？

③ 客户非正式的采购标准，也即购买动机，我们是否清楚？

二、如何对客户进行分类

我见过很多公司虽然有销售漏斗（注：一种销售管理模型）用来管理各类的客户，但对各类客户的定义和划分都没有一个明确、统一的标准，这就会造成销售在填写 CRM 的时候按自己的想法随意填写，最后造成数据混乱、预测不准确。

清晰的客户分类不仅有利于数据统计和销售预测，还能确定不同类别客户的重点工作，比如目标客户的重点工作是什么？商机客户的重点工作是什么？

掌握针对不同类别客户的关键销售动作，才能更有利于销售提高各类客户的转化效率，从而有利于订单的推进和实施针对成交的客户服务。

通常我们会把客户划分为以下 6 大类。

1. 目标客户

理论上供应商把所有能够应用其产品和服务的客户都称为目标客户，但是供应商针对目标客户最好有自己的画像，只有画像清晰，销售在准确定位客户的时候才不会偏。

2. 线索客户

所谓的线索客户，即为已经意识到业务或者管理问题的存在，正在试图改变的这一类客户。但是，线索客户的需求目前尚处在想法阶段，还没有明确的改进目标和要求。

3. 商机客户

商机客户的划分有一定的标准，应基本符合下面几个条件：客户需求是必须要解决的；客户是有改进计划和预算的；有专人负责的；有明确的时间规划的。符合这 4 个条件的客户，我们就说其属于商机客户。当然，不同的行业对于商机客户划分的标准也会存在较大差别，因此不能一概而论。

4. 竞争客户

之所以要把竞争客户单列出来，是因为有竞争必然会有涉及打单的竞争策略，没有竞争的商机客户是很少的。所以，销售制定竞争策略也是非常重要的工作之一。

5. 成交客户

成交客户即指已经和供应商一方合作的客户，销售的重点工作应放在产品应用效果和服务上。

6. 战略客户

战略客户即指能给供应商一方带来好的现金流以及较高利润的客户。针对此类客户，销售要把工作重点放在客户经营上。

三、ABC 分类法下的客户划分以及针对各类客户的重点工作内容

ABC 分类法又称帕累托分析法，是根据事物在技术或经济方面具备的主要特征，进行分类排队，分清重点和一般，从而有区别地确定管理方式的一种分析方法。

由于该方法把分析的对象分成 A、B、C 三类，所以又称为 ABC 分析法。其中 A 类占 10%～15%，B 类占 15%～25%，余下为 C 类。

（一）ABC 分类法的作用

① 保障重点的 A 类项目能够被投入足够资源，争取尽快成单。

② 有利于区分不同客户进而合理规划工作重点。

③ 有利于销售对所跟进的项目进行准确评估。

④ 有利于销售对时间进行合理分配。

（二）如何划分 A、B、C 类客户

1. A 类客户

A 类客户是指：对供应商的产品及服务认可度、满意度高，有需求或遇到需解决的问题时会第一时间直接找到供应商的客户；其对供应商的销售贡献大或自身需求潜力大。A 类客户根据所在行业的不同，可以定义其成单时间在 15 ～ 30 天内。

2. B 类客户

B 类客户是指：对供应商的产品和服务比较认可，但还有一些异议，有需求时会联系供应商，但需在内部排除异议并形成共识后才会购买的客户；其对供应商的销售贡献一般或自身需求有一定潜力。根据 B 类客户所属行业的不同，可以定义其成单时间在 30 ～ 60 天内。

3. C 类客户

C 类客户是指：处于观望状态，会拿供应商的产品和服务与竞争对手比较，且一般倾向于竞争对手的产品和服务；供应商的产品可能在某些方面不能完全满足客户需求的客户。根据 C 类客户所属行业不同，可以定义其成单时间在 60 天以上。

（三）针对 A、B、C 类客户的重点工作内容

1. A 类客户

在争夺 A 类客户的竞争中，供应商应投入相当于竞争对手 2

倍的人力、物力和财力。这类客户数量少、价值高，他们应倍受重视。供应商应从各方面对销售人员予以资源上的充分支持，从而使销售能够在短期内迅速赢得该类重点客户。销售人员应该每天都和 A 类客户保持联系和沟通。

2. B 类客户

供应商及其销售人员通常要把针对 B 类客户的跟踪作为工作重点，不时地拜访他们，听取他们的意见并据此对己方的产品、服务予以改进。可采用培育的方式进行销售活动，当该类客户数量降到某一特定水平时，应自动增补该类客户并加以培育。与 B 类客户的联系沟通频率应该每周 2 次左右。

3. C 类客户

对于 C 类客户，供应商及其销售人员不宜过多地投入资源，但也不能缺少关注。要做好评估，在此类客户身上花去的时间和费用不应超过这些客户本身具备的价值。因此在一般情况下，针对 C 类客户，销售可以按部就班地进行销售活动，同时仔细分辨是否能将其升级至 B 类或 A 类，以避免因误判而导致损失客户。当发觉这类客户数量过少时，应设法加以补充和关注。销售与 C 类客户基本保持 15 天左右进行一次沟通。

四、如何处理"鸡肋"客户

在销售过程中有时会碰到"鸡肋"客户，此时不得不采取放弃策略，因为销售精力有限，公司的资源也是有限的。

其实对于销售来讲，有时候放弃客户也是一种策略，是一种战略需要。

那么，针对处在不同阶段的"鸡肋"客户，应该采取哪些放弃策略？

（1）目标客户阶段。

对目标客户的选择非常关键，这涉及公司战略调整、资源投入，建议销售不要花大量时间、精力去接触非目标客户。销售对自己的目标客户认识还并不十分清楚的时候，会白白浪费时间和精力。

（2）线索初期阶段。

销售在找客户线索的时候，对有些客户很难准确切入。果断放弃这些费很大力气且难以切入的客户，转而尽快开发其他客户是一种非常明智的策略。

（3）商机阶段。

有时客户的需求超出销售方产品和服务能解决的范围，就需要重新评估客户的获取价值及资源的投入情况。如果获取价值低且投入资源大，这时应建议销售放弃，但这对于新销售或者商机客户少的销售来说是一个非常难以取舍的过程，可是没有办法，有时必须作出决断。

（4）招（投）标阶段。

销售中标了某些客户的项目，但对方将价格压得非常低、无利润可赚时，也建议销售放弃。但若对方属于战略大客户或者行业客户，销售就要慎重考虑和评估，因为一个战略大客户或者是一个有品牌影响力的行业客户可以帮助销售打开一片市场，较之某一次项目的利润，该战略大客户或行业客户的市场影响力所具备的价值显然更高。

（5）已服务客户。

有些客户，销售已做了1年多的服务，结果发现利润率很低，可客户的要求却越来越多。与此同时，公司的资源还在不断投入，维护难度很大，这个时候就建议公司及销售个人果断放弃。

五、针对不同客户群体如何制订工作计划

有销售会问，针对不同类型的客户，应该如何制订工作计划？

这是个非常好的问题，作为销售管理者，一般会更关注进入预测（Forecast）类的客户，也就是未成交客户。这里，我们把未成交的客户分成以下3类，针对这3类客户我们需要制订不同的工作计划。

（1）线索类客户。

针对线索类客户，销售更应多做的是兴趣激发。对于此类客户的兴趣激发，大公司的市场部一般会承担一部分功能，多数情况下还是靠销售个人的跟踪和沟通。

我们可以将兴趣激发工具简单分为3类，即案例类工具、产品类工具、专业类工具。

从兴趣激发的渠道来划分，又可分为一对一的激发和一对多的兴趣激发。并且针对线索类客户，还要根据激发工具和激发渠道，设计针对客户关键人的接触频率。

（2）商机类客户。

针对商机类客户，销售工作的重点是关键人覆盖和优势积累。具体做法是把客户方的需求、预算、时间、决策链不断纳入销售和客户关键人的沟通范围，并通过各种活动，比如技术交流、产品演示、方案汇报、需求调研等活动来积累自己的销售竞争优势。

（3）竞争类客户。

针对竞争类客户，最为关键的是制定出不同阶段的竞争策略，

以获得竞争优势。所谓策略，就是销售仔细思考需调用何种资源、采取何种的活动，去影响哪些客户关键人，从而有效地打击竞争对手获得竞争优势。

总之，销售对于正在跟进、未签单的项目，应根据自己对该项目客户的具体分类去制订详细的工作计划。

六、如何做好客户经营

做过 B2B 销售的人都非常清楚，客户经营对企业很重要。企业在发展到一定阶段，在营收增长放缓或是新开拓业务不顺利时确实应该好好想想，针对 B2B 的客户经营应该怎样做。

我对客户经营的理解，源于以前学习过的战略销售方面的知识和在做战略客户销售时总结的一些经验，主要有以下 3 个方面。

第一，针对准备开拓的战略客户。

首先，要做好客户盘点。即在一个区域或一个行业内要指明哪些战略客户是必须进入和拿下的客户，需要把这些客户详细地纳入时间规划中。其次，针对每一个战略客户，都要制定好具体的执行策略。从产品策略到组织策略，再到运营服务策略，都要从组织资源层面来保证这些客户的获得。最后，要落实好具体的执行计划，比如关键营销动作分析、触点设计、接触频率、覆盖模式、人员保证、资源投入等。

第二，针对已经成交的战略客户。

① 在产品、服务、解决方案层面，应制定出详细的规划，以支持客户的经营战略。

② 客户关系层面，讲究不同层级都有各自相应的对接人员，高层有高层的对接，中层有中层的对接，执行层有执行层的对接，

这种对接模式也叫三级对接或者服务模式。

③ 组织层面，一定是跨组织协作或者以事业部模式来保障对战略客户的服务。

第三，对已成交和未成交的战略客户，要形成战略互动。

定期组织活动，让战略客户之间利用参观、学习、交流等形式形成互动，借以推动未成交的战略客户能够加速成交并为已成交的战略客户拓展人脉。

深入研究战略客户案例，以案例和方案为核心，形成有效的战略客户系列营销工具，来支持市场宣传和销售打单。

七、客户不续费的 6 种原因

以 SAAS 行业举例：在 SAAS 行业中，客户的收费模式一般是按照续费模式划分，即有的是按用户续费，有的是按量续费，还有的是按时间续费。

销售为了确保公司和自己的收入，就要保证客户的正常续费。那么，出现客户"掉线"（即，不续费），通常是哪些原因造成的呢？

今天，就让我们一起分析一下客户"掉线"的原因以及应采取的相应对策。

客户"掉线"的原因一般有以下 6 种，我们根据可挽回的难度来逐一分析一下。

1. 战略调整

这种"掉线"的原因是由于客户战略变动，造成原来用到我方产品和服务的业务变动了。业务发生变动的情况分为 3 种，即砍掉、合并、缩小。如果是客户方的业务被砍掉了，续费的可能性几乎没有，这种情况下只能和客户主要关键人继续保持良好的商务关系，寄希望于以后的合作；如果是业务合并了，会涉及需求及人员的变动，此时，销售人员在需求评估和商务关系等方面的销售动作要尽快跟上；如果是业务缩小了，销售就要考虑调整产品价格和服务了。

2. 需求变动

客户方需求的变动一般源于两种情况，一种是业务范围扩大了；另外一种是管理深度或者精细化程度加强了。造成需求变动的这两种情况，都需要供应商从产品和服务的角度上尽早做好规划，要避免产品功能以及服务跟不上客户需求的变化。

3. 关键人变动

客户关键人变动分为客户高层变动、直接业务关键人变动、采购关键人变动。其中，风险最小的是直接业务关键人变动，供应商一方只要服务跟得上且能够做到尽快对接，一般不会有问题，即使客户想换供应商，也会需要一段时间以及适当的理由；对于客户高层变动，供应商的销售人员一定要做好本方高层和客户高层的对接工作；风险最大的是客户采购关键人的变动，因为对客户采购关键人而言，供应商的调整也是其工作内容的一部分，这里面有利益因素，也有其他更复杂的因素。

4. 预算变动

预算变动也分为两种：一种是成本压力大，要缩减预算；另一种是由于业务应用多，造成续费价格提高，客户觉得接受不了。客户预算变动的情况下，销售人员应该从增值服务层面多去考虑，要让客户能够理解价格的变化。

5. 竞品进入

竞品的进入方式一般有两种：一种是通过产品、服务的功能差异化进入，能够满足客户更多的需求；另一种是从价格角度进入，也就是在同样满足需求的情况下，竞品的价格更低。有效阻止竞品进入最好的办法是处理好与客户关键人的商务关系和增加客户对己方产品的使用黏性。

6. 服务不好

客户认为服务不好，最需要销售方解决的是客户的情绪对抗问题。从长远讲，还是要多从客户的角度去考虑问题。

第八节　客户看销售

我们站在销售人员的角度来看，销售人员所做的各种销售动作都是对的，但是站在客户的角度看也许会有不一样的感受。本节将介绍从客户的角度是怎么看待销售以及销售工作的。具体内容包括：客户反感的 5 种销售行为；不同采购阶段客户关注的重点；从客户采购策略看销售这 3 个部分。

一、客户反感的 5 种销售行为

每名销售都想成为受客户尊重的好销售，但是在实际情况中有很多销售行为的确会造成客户的反感，这些行为总结下来无外乎有以下 5 种。

第一种，经常"骚扰"客户。

所谓"骚扰"客户，就是不分场合和时间给客户打电话，客户有自己的事情，客户也有自己的情绪，很多销售为了约客户见面，经常不分场合给客户打电话，最后只会令客户厌烦。

另外还有一种情况就是，为了见到客户经常上门去堵客户，这种见客户的方式如果应用不当也会令客户反感。

第二种，没有价值。

销售是给客户传递价值的职业。在客户没有感觉到销售人员及其所介绍产品和服务的价值以前，心理上基本是排斥的，所以销售人员一定要提升自己的业务能力，让客户感受到真正的价值。

第三种，过度承诺。

有些销售人员为了卖出产品过度夸大产品的使用价值，甚至过度承诺，最后产品效果达不到要求或者不能兑现所做出的承诺，从而引发客户反感。

所以，我们在销售过程中应讲究合理承诺，不要为了拿下订单而向客户作出公司需要付出很大成本或者代价的承诺，这在无形之中是给公司和自己设置成交阻力。

第四种，极度功利。

我们见过不少极度功利的销售：客户有项目、有订单时跑得非常勤快，恨不得每天都跟在客户后面走；客户项目搁浅或者取消后就像消失一样，和客户断了联系。这样的销售不仅自己的职业道路走不远，还会丧失很多潜在的合作机会。

只有真正去理解客户的需求、难处以及可能存在的风险，设身处地为客户着想的销售，才能和客户成为不谈生意的真朋友，同时拓宽自己的职场之路。

第五种，趋炎附势。

我们也会经常见到这种销售：当客户给他引荐了另外的关键人或者高层以后，他的销售目标就开始转移，转向被引荐的关键人或高层决策人，从而冷落了最初给他做引荐的客户。

这 5 种销售行为我们在职场中也会经常碰到，这其中，有的是销售技巧不成熟的表现，有的是个人性格所致，希望做销售的朋友们都可以引以为戒。

二、不同采购阶段客户关注的重点

在 B2B 销售中，在客户采购的不同阶段，客户到底都在关注什么？

我们把客户的采购过程分成需求整理阶段、考察供应商阶段、商务阶段。那么在这 3 个阶段，客户在不同时期会关注哪些采购因素呢？

下面我们先来看一下，企业在采购过程中关注的核心因素会有哪些。

① 成本 - 价格。办什么事、要花多少钱，是所有客户都会重视的事情，物有所值、投资收益高是所有客户进行采购时的不二法则。

② 需求。客户有时候对自己的系统要做什么以及做成什么样子，需要很长的论证周期。而供应商所做的工作，就是为客户解答上述问题，即满足客户的需求。

③ 方案。方案是供应商销售产品的延伸，也是为了更好地满足客户需求，但方案不只包含产品，还包括对客户需求的理解、为客户提供的服务以及客户所能获得的投资收益。

④ 风险。有收益就会有付出，有付出就会有风险，企业采购的本质就是在满足自身需求的情况下，把风险降到最低获得最好的投资收益。

明确了这4个采购核心要素以后，我们再来讨论一下，企业在采购周期的3个阶段该4要素的变化。

（一）需求整理阶段

在需求整理阶段，客户关注的是需求和成本，也就是要确认这次采购要解决什么问题以及大约要花多少钱。所以，供应商在这个阶段主要应帮客户解决这两个问题，这就是为什么客户在这个阶段总是喜欢向销售要报价的原因。

（二）考察供应商阶段

客户在考察供应商阶段，最为关注的是供应商的方案，因为需要整体评估方案对需求的满足程度。这里的方案是指广义的方案，包括产品、公司实力、实施、服务、案例、投资收益、配备人员等。

（三）商务阶段

客户在商务阶段最为关注的是价格和风险。该阶段，客户的关注重点从刚开始的要花多少钱（成本）过渡到要付出多少钱（价格），当然他们也希望目标供应商在价格上能多做让步。风险是所有客户在该阶段都会考虑的关键因素，越大的采购项目越是如此。

风险意味着责任，当然谁也不想因为项目失败而承担风险，所以供应商在这个阶段的主要工作是打消客户对于风险的疑虑。

相信销售人员在明白了以上客户在不同采购阶段所关注的要素之后，就能清楚地知道不同阶段的工作重点，相应地，也能做到有的放矢。

三、从客户方采购策略看销售

客户方和供应商到底是一种什么关系？是朋友、伙伴，还是对立？到底是买的精还是卖的精？相信看完以下客户方的采购策略，销售们会有更多思考。

此文内容源自一家客户方流传出来的采购策略。

（1）货比三家。单一来源采购会被逐步淘汰，因为不合时宜，更因为一旦出现采购风险，都承担不起责任，也没有站到公司的利益去考虑，用量大的物资一定要分散采购风险，有第一供应商也要有第二供应商，要让供应商之间相互制约，从而保证获得稳定货源及质高价低的物资。

（2）每家供应商在竞争中都会获得一位我方人员的支持。这种方法是非常必要的，目的就是让每一位供应商积极参与走完所有采购流程。让每家供应商都产生一种错觉，认为自己已经获得了竞争优势，并获得了我方认可，签约指日可待。

（3）永远不要让供应商确认有胜算或者毫无胜算。只有让供应商时常处于焦虑状态，我们（即客户方）才能获得更低的价格和更好的折扣。不能确认有胜算，对方就会积极争取，但是一旦发现毫无胜算，他们就会尽早退出，我们要防止此类事情发生。

（4）反顺序进行议价，和排名最后的供应商先进行价格谈判，往往他们会受宠若惊，为了能得到订单，对方会给我们极低的价格。利用获得的价格按供应商排名顺序，再按反顺序一家家去谈判，最后和目标供应商谈判，从而获得最优惠的价格。谈判时要注意对节奏和时间的把控。

（5）至少要有一次让目标供应商认为自己失败了，我方要给出一个合理的原因，告诉目标供应商不会被选择了。这种策略会给目标供应商带来痛苦，逼迫他们不得不改变策略和主张，从而保证有利于我们的谈判方案。

（6）选择对方销售员在业绩压力最大时候进行价格谈判。销售的业绩压力往往来自内部领导给予的压力，此时谈判，销售往往会给出自己权限范围内最大的折扣价，并且还会和他的领导申请更优惠的价格。

看完以上内容，你觉得好的销售应如何把控自己的节奏呢？

第九节　技术交流

技术交流是销售过程中经常会碰到的一种销售场景。普通销售人员会按照客户的要求安排技术交流活动；销售高手会在安排技术交流的同时积累竞争优势。本节主要讲述：为什么和客户进行技术交流；技术交流要达到的 3 个目标；客户有 IT 规划的前提下如何进行技术交流这 3 部分内容。

一、为什么和客户进行技术交流

我们在销售过程中经常会遇到需要和客户交流技术问题的场景。

设备销售人员与客户进行的技术交流更多情况下也是业务交流，即交流产品的型号、参数、技术路线等；而软件方面的技术交流则更多的是解答采购方即客户方出于技术风险方面的考虑提出的相关问题。

所以，进行技术交流时销售一般要做好以下两件事。

第一，帮助客户明确技术选型标准。

销售人员选择和客户方进行技术交流的目的并不是要说明自己在技术上有多大的优势（除非自己有很独特的技术优势，而这种优势会给客户带来很大的帮助），一般来讲，技术交流的重点是强调己方在技术上所具备的差异化优势，从而让客户明白这些差异化优势对其采购的重要性。

同时销售人员也要从技术层面引导客户的技术选型标准朝着有利于己方的方向偏移，从而在这个环节建立起差异化竞争优势。

第二，从风险的角度颠覆客户以前的认知。

这种情况一般发生于客户已经和其他供应商进行过技术交流，并已被其他供应商先行引导过的场景中。在这种情况下销售可以通过技术交流这种策略，让客户明白目前选择的技术架构、路线所存在的风险。

如果技术交流层面同质化很严重，那销售接下来应该做什么或者怎么做呢？

① 和客户谈实施方案，让客户明白光有技术是不够的，风险依然会很高。一个项目的成功是三分靠技术、七分靠实施。如果没

有一个完备的实施体系，项目很难确保成功。

具体的实施方案包括方法论、阶段任务、里程碑、时间计划、人员配备等。

② 除了和客户谈实施方案，还要和客户谈服务体系，强大的服务体系是确保客户应用成功、降低客户风险的另一个有力武器。具体的服务体系包括服务的模式、形式、效果等。

总之，面对关注技术的客户，销售要和他谈实施和服务，要让客户明白一个项目的成功光有技术是远远不够的；面对关注实施服务的客户，要主动谈技术，让客户明白没有雄厚的技术基础，空谈实施方法也是没有用的。

二、技术交流要达到的 3 个目标

技术交流虽然是客户考察供应商技术能力的一种手段，但是反过来讲，供应商的销售也可以利用与客户技术交流的时机建立阶段性的竞争优势。

前面我们讲过，客户的采购流程分为 3 个阶段：立项前阶段；立项后到招（投）标阶段；招（投）标后阶段。

从技术交流的角度来分析，在 B2B 销售中，客户的采购流程基本也会贯穿这 3 个阶段，所以我们应该把技术交流当成一个获得竞争优势的有力手段。

针对与客户的技术交流，供应商应该设定以下 3 个目标。

1. 最低目标

技术交流的最低目标应该有下面 3 部分内容。

首先是宣讲公司的产品及技术理念；其次是讲明产品功能为客

户带来价值，由供应商一方的技术人员协助销售人员在客户采购流程的各个环节，针对客户提出的相关技术问题进行答疑解惑；最后就是在投标环节中，负责技术标书的制作。

2. 中级目标

技术交流的中级目标包括：协助销售做好给客户的立项建议，争取在项目前期就获得先发优势；深入挖掘客户需求，并对客户痛点进行分析和梳理，制定有针对性的解决方案；针对当前项目，和竞争对手就双方的技术优劣势进行比较并予以差异化分析，借此去影响客户技术关键人。

3. 最高目标

技术交流的最高目标包括：对立项建议、解决方案、招标技术参数这3方面内容进行分析；对客户提出屏蔽竞争对手的建议；影响客户的技术负责人，建立起对己方的技术信任，植入有利于己方的技术标准。

技术交流是客户采购流程中的一个重要环节，销售人员一定要和己方的售前工程师紧密配合，争取在技术交流环节就能够获得客户认可，并为达成技术交流的最高目标而努力。

三、在客户有 IT 规划的前提下如何进行技术交流

在 IT 行业的 B2B 销售中我们会经常碰到一个情况，即很多大客户都会有自己的 IT 战略规划或者信息化规划，和以往没有 IT 规划的大客户进行的技术交流不同，和这样的大客户进行技术交流，重点应放在以下 3 个方面。

（1）客户的应用系统如何在现有 IT 战略规划下落地并得以实施。

客户 IT 战略规划一般包括业务架构、信息架构、应用架构、集成架构、技术架构和 IT 基础设施架构这几个部分。

虽然在 IT 规划中有涉及应用系统的内容，但是一般都比较笼统、粗浅，只是从功能上讲讲大体包含何种业务应用系统；规划的重点还是集中于应用系统在 IT 战略的指导下如何支撑企业的业务战略。

所以，关于这部分，销售或者售前应该重点沟通以下几部分内容：

第一部分，应用系统的功能给客户业务带来的价值；

第二部分，如果涉及流程，还要包含流程应如何打通；

第三部分，如果涉及数据的汇总及应用，应该讲明白具体数据在其他系统如何应用以及使用哪个应用模型。

（2）应用系统技术路线如何和 IT 技术架构进行衔接。

业务架构重点在流程，信息架构重点在数据，这两个架构都偏业务层面；而在 IT 方面，则包括了应用架构、集成架构、技术架构和 IT 基础设施架构。

应用架构在最上层，而集成和技术架构在平台层，IT 基础设施架构在基础设施和物理资源层。有关这部分内容，应重点沟通清楚异构系统之间如何集成以及具体的数据传输方案和数据应用方案。

（3）为配合客户 IT 战略规划，介绍还有哪些补充性内容。

最后还要向客户补充说明，基于现在比较流行的大数据、人工智能、云等几类新技术，公司的产品规划和技术路线是如何考虑的，以及针对客户的 IT 战略规划，从上述几方面如何为客户提供协助，给客户业务战略和 IT 战略提供技术支撑。

总之，在客户有 IT 规划的情况下，技术交流的重点不仅要有对现有技术架构的支撑，还要有对未来客户 IT 战略的补充建议。

第十节　客户案例

在 B2B 销售过程中客户案例的展示已经越来越受到重视，客户案例不仅应用在销售打单过程中，而且作为内容运营的一项重要内容，更有公司把客户案例上升到经营战略的高度，围绕着客户案例进行了一系列的营销活动。本节将介绍客户案例在销售过程中的作用以及案例的具体分类；客户参观案例时要了解的内容；如何用案例提炼出更多的销售工具；第一次见客户有（没有）案例该如何交流这 4 部分内容。

一、客户案例在销售过程中的作用以及案例的具体分类

在 B2B 销售中，案例的作用是显而易见的。案例展示、案例参观也是大客户采购流程中必不可少的环节，目前很多 B2B 公司已经把案例作为营销的一项重要内容，围绕着以案例为核心的内容运营也越来越被重视。

但案例参观是一把双刃剑：一次参观可以促成签单；也极有可能造成丢单，失去该项目。普通销售只会配合客户采购流程去安排案例参观，而销售高手可以在案例参观环节做好所有商务工作并获

得阶段性的竞争优势。

那么案例在销售的打单过程中有哪些促进作用呢？

① 案例是一种品牌背书，可以提升客户信任度。

我们经常说信任是销售的基础，没有信任就没有销售，销售中除了销售本身靠自身专业能力和客户建立信任关系以外，公司自身品牌和实力也是和客户建立信任的基础。其中，成功案例尤其是本公司的成功案例，可作为一种强有力的品牌背书促使客户和公司之间形成更自然的信任关系。

② 案例是一种价值引导，可以激发客户兴趣。

兴趣激发是销售流程中的一个重要阶段，客户没有兴趣就不会产生采购行为，激发客户的兴趣也是销售人员的一项重要销售能力，案例作为重要的激发客户兴趣的工具之一在销售过程中已经得到广泛应用。

③ 案例是一种销售利器，可以助力销售签单。

B2B 销售，尤其是在大客户销售中，客户为了规避采购风险，会全方位地考核供应商的实力和能力，其中案例参观就是客户规避采购风险的一项重要环节，一次好的案例参观和分享也会助力销售成功签单。

我们知道了 B2B 销售中案例的重要作用，那么在实际销售过程中又应如何对案例进行分类呢？

① 客户宣传的案例。

这类案例可以出现在公司的宣传彩页或者 PPT 演示文稿中的介绍里面，作为公司实力的一种体现。

② 可以分享的案例。

这类案例会被制作成完备的文档或者被制作成销售故事，用来激发客户兴趣。

③可以参观的案例。

这类案例是为了客户立项或者规避客户采购风险而邀请客户进行实地参观考察而发挥作用的。

二、客户参观案例时要了解的内容

在 B2B 销售中有两个重要环节，如果用得好，可以为销售加分；如果运用得不好，也许会给销售打单带来意想不到的困难。这两个环节就是产品演示和案例参观。以下我们主要就案例参观这一环节来分析其中的主要内容以及其对于 B2B 销售打单过程所起的加分作用。

案例参观是 B2B 大客户销售中必不可少的一个环节，因为客户永远相信"百闻不如一见"，销售说得再好也不如客户自己去现场亲自看一看，这样做也是出于降低选择风险的考虑。

下面我们说说客户去参观案例时都要了解哪些内容。

1. 了解案例客户的选择历程

首先，客户主要想了解该案例客户当时是出于什么原因开始考虑选择此类产品的，当时有什么背景、什么故事。

其次，客户想知道，当时面对不同供应商，案例客户是怎么考虑的。

最后，客户还想知道，该案例客户是基于哪些因素而选择与该供应商进行合作的。

2. 学习案例客户先进的管理经验

客户一般都会要求参观与自己同处一个行业的案例。只有行业相同，才会有更多的相似问题，尤其是对于管理经验的学习和借鉴。

3. 了解产品应用效果

客户参观除了交流前述两方面内容，还会想要了解案例客户应用产品和服务后的实际效果，以及应用后实现了哪些价值提升。

最后，我们再讲一下销售人员安排客户参观案例的注意事项。

① 为客户安排案例参观要有明确的目的，只有客户在进行立项和优势比较时才可以安排其进行参观。

② 做好和案例客户协调参观的相关事宜，如参观时间、讲解内容、参观内容、接待形式等。

③ 要做好客户在案例参观过程中的用车、用餐的安排。

④ 销售人员在安排案例参观时重在对细节的介绍和把控，最好让客户有超出预想的体验。

三、如何用案例提炼出更多的销售工具

前文中曾提及，针对线索类客户，销售要激发客户兴趣，其中案例展示是一项非常重要的工具。

其实，一个客户案例，从签约开始到后期实际应用的过程，都可以用来制作销售工具。下面我们以某大型软件系统为具体案例来进行讲解。

1. 签约新闻

应用签约新闻的重点是把案例客户如何选型和如何选定这个产品的过程写出来。销售人员可以利用签约新闻作为销售工具发给线

索类客户或者商机类客户甚至是竞争类客户。签约新闻得以成为销售工具也是公司实力的一种证明。

2. 项目启动

在项目启动伊始，要举行隆重的项目启动仪式。项目启动文稿的重点要把参会人员级别、项目目标、保障措施写出来。销售也可以把项目启动文稿发给客户或者发布在朋友圈，从而去激发潜在客户兴趣。

3. 系统上线

系统上线文稿的写作重点是要把系统上线过程中的励志故事写出来，比如，双方紧密配合、加班加点解决上线问题，为了配合上线，实施人员连续工作多日没有休息甚至是放弃假期等。总之，上线文稿一定要写得鼓舞人心。

4. 项目验收

项目验收代表项目已经成功并获得了客户的认可。项目验收文稿的重点是要把验收的成果写出来。销售可以把验收文稿和验收报告一起使用在自己的打单过程中。

5. 项目价值

在项目运行一段时间后，销售人员要对项目的应用价值和影响价值进行提炼和总结，形成完整的项目价值文稿。项目价值文稿是销售开发同行业中潜在客户的重要销售工具，毕竟同行业之间有很多经验可以借鉴。

到此我们可以看到，通过一个案例，可以提炼出这么多销售工具，而这些工具都可以用在对线索客户的兴趣激发上或是销售打单的过程中。

四、第一次见客户有（没有）案例该如何交流

第一次见客户，很可能客户没聊几句就问你做过哪些案例，此时你该如何应答？这是一个销售人员在销售过程中会经常遇到的问题。

一般情况下，客户这样问你，就证明你和客户还没有建立起信任关系，尤其是在你公司品牌影响力不强的情况下，客户问你案例的情况就是在确认你有没有服务好同类型企业的经验。

那么，碰到客户这样提问该如何处理呢？具体有 3 种应对方法，正确学习和运用之后有助于销售人员和客户建立起信任关系。

1. 如果你公司有同行业案例

你可以说："你们这个行业，我们做过的案例有 ×××，当时这个客户和我们合作的背景是这样的……"

有同行业案例的情况下，回答客户的提问时一定要运用故事把案例客户带进来，包括案例客户当时的选型过程、案例客户重点看重哪方面的能力后才选择了合作等，这些因素都可以给潜在客户起到引导和借鉴的作用。

2. 没有同行业案例，但做过与客户同区域内公司

如果没有同行业案例，但是有与客户同区域内的案例，销售可以这样回答："虽然我们没有做过你们这个行业，但你们这一区域

内知名的企业我们做过×××，当时采购中心的×总到我们公司考察，经过多方论证后决定和我们合作。"

这类回答的关键点在于一定要说出案例客户关键人的名字，职位越高越好。

3. 同行业同区域案例都没有

以上两种案例都没有的情况下，销售可以这样回答："虽然我们没有做过你们这个行业的客户，但是我们通过大量研究，发现你们这个行业的设备管理一般存在几个问题，分别是……"

这样的回答会让客户感觉销售对他们这个行业有着一定的了解，也显得销售比较专业，无形之中就会让客户产生和销售继续交流下去的想法。

通过对以上3种应对方法的分析和学习，销售朋友们应该知道面对客户的提问时该怎样回答和处理了。

第十一节　兴趣激发

兴趣激发是销售过程中的一个非常重要的销售动作，也是销售应具备的一项基本功。本节将重点介绍：销售能否激发客户兴趣都受到哪些因素影响；激发客户兴趣的3种方法；针对客户关键人中高层、中层、基层人员的兴趣激发；如何判断客户兴趣已被激发这4项内容。

一、销售能否激发客户兴趣都受到哪些因素影响

有调研显示，有 80% 左右的销售高手认为：第一次见客户时，客户兴趣是否被激发是客户是否愿意和自己继续交流下去的关键。

我们可以先总结一下销售人员激发客户兴趣的目的。

① 引发客户对存在问题的关注，客户只有关注和关心了，才有可能产生具体的感受。

② 让客户从因问题存在感受痛苦过渡到产生采购需求。

③ 客户产生采购需求的时候，会第一时间想到自己。

那么对销售而言，激发客户兴趣有没有一套可行且具体的方法呢？

接下来，让我们详细分析一下：销售能否激发客户的兴趣，都受到哪些因素的影响。

（1）客户关键人所在的岗位不同，其关注的重点也不同。

作为销售人员，在你和客户沟通过程中，若你和决策人谈如何改善某个具体岗位的工作效率，对方未必会关心。但是若你和使用者谈这个话题，对方就会有兴趣。所以客户关键人所在的岗位不同，关注的重点也不一样，销售人员在激发客户关键人兴趣的时候，一定要针对不同角色的关键人应用不同的兴趣激发技巧。

（2）客户关键人的不同性格特点也会造成激发兴趣的重点不同。

比如，对于满足现状的客户关键人，我们应怎样去激发；对于积极接受新事物的客户关键人，我们怎样去激发；对于比较固执的客户关键人，我们怎样去激发。这些都是需要总结和思考的问题。

（3）客户关键人的动机不同，激发的点也不同。

每个客户关键人针对己方的每次采购都会有相应的采购动机。所谓采购动机，就是关键人想通过这次采购满足与自己相关的内心需要或者是规避、减少与自己有关的痛苦。

关键人不同，采购动机也不同，势必会造成销售激发客户关键人的兴趣点不一样。虽然销售过程中客户关键人的采购动机一般不会轻易让销售知道，但是销售还是要去设法了解，如此才能够比较容易地激发客户关键人的兴趣。

由此可见，销售能否激发客户关键人的兴趣，往往就是受关键人所在的岗位、本人性格、动机这 3 种因素影响。

二、激发客户兴趣的 3 种方法

激发客户兴趣最常用的方法就是利用产品做激发。这种方法适合主营 C 端业务或者小 B 型公司老板能直接进行决策的客户群体。

在 B2B 销售中，如果销售面对的是大中型的客户，或是在产品及方案比较复杂的情况下，产品做激发的效果就不太明显了，我们可以尝试采用下面这 3 种方法来激发大中型客户的兴趣。

1. 案例激发法

如果客户正属于你有现成案例的行业，可以应用案例激发法。这种方法是面对大客户所使用的最普遍的一种方法，销售人员多采用此方法与大客户建立信任。掌握该方法的核心就是销售人员须吃透案例，用案例或者故事把客户带入情景。

一次好的案例激发，要包含以下几项内容：

① 客户当时发生了什么事情；

② 客户的选择经历了哪些过程；

③ 客户最后选择我们主要看中我方的哪些优势；

④ 客户目前应用我方产品和服务的状态如何；

⑤ 我方产品和服务给客户带来了哪些收益。

2. 价值激发法

如果客户所在的行业中，销售人员并没有现成案例，则可以采用价值激发法。该方法的应用是从客户面临的问题开始，最后以阐述己方产品所具备的价值作为结束。

价值激发法的应用要包含以下几项内容：

① 客户所在行业或者客户自身存在的问题；

② 问题若不解决会产生哪些危害；

③ 己方产品研发的出发点是什么；

④ 应用己方产品后会给客户带来哪些价值；

⑤ 应用己方产品给客户关键人带来哪些收益；

⑥ 己方产品应用场景的描述，包括从功能到价值点等方面。

3. CSF（关键成功要素）激发法

CSF（关键成功要素）激发法是面向客户高层或者决策人激发其兴趣的一种方法。使用这种方法的前提是销售人员对客户所属行业的基本情况要很熟悉，用探讨和交流的方式来激发客户兴趣。

CSF（关键成功要素）激发法在应用时一般包含以下几项内容：

① 所在行业的关键成功要素（CSF）有哪些；

② 阻碍关键成功要素的问题有哪些；

③ 目前解决办法存在的问题有哪些；

④ 新方案的思路；

⑤ 成功标准；

⑥ 具体场景描述。

三、针对客户关键人中高层、中层、基层人员的兴趣激发

那么，销售人员应怎样做才能激发起客户兴趣呢？可以针对客户关键人中的高层、中层、基层人员分别设计一些兴趣激发工具，来帮助销售人员打单。

兴趣激发工具，一般从 6 个激发点开始设计，这 6 个激发点分别是效率、成本、收入、荣誉、风险、压力。

人人都有趋利避害的本能，而兴趣激发工具的设计原则就是利用人性中的趋利避害心理。

下面我们针对上述 6 个激发点，看看客户关键人中的高层、中层、基层人员分别关注什么。

1. 效率和荣誉

用这两个激发点设计的激发工具一般是针对基层人员使用的，客户的中高层关键人对这两个激发点不是特别敏感。且由于企业的性质不同，员工的思考路径也不同，所以，国企的基层员工可能更关注荣誉，而互联网企业的基层员工可能更注重效率，因此不能一概而论。

2. 成本和压力

用压力激发点设计的激发工具是针对客户中层关键人使用的，且针对中层关键人激发工具的设计一定要参考客户企业的组织模式

和考核方式。因为，组织模式决定中层关键人对成本的重视程度，而考核方式则决定其承受压力的大小。

如果，客户的组织架构是职能制，就可能会对成本的重视程度相对低一些，但如果其组织架构是事业部制，就可能会对成本的重视程度高一些。

3. 收入和风险

对于客户高层关键人而言，开源永远重于节流，风险预防永远大于战略扩张。因此，收入和风险这两方面往往也是客户高层关键人最关心的问题。

所以，我们针对客户高层关键人设计的兴趣激发工具，一定要以对方更为关注的收入和风险为出发点，只有这样才能真正地打动高层关键人，进而激发其兴趣。

四、如何判断客户兴趣已被激发

我们经常说，激发客户兴趣是销售过程中的一个关键销售动作。那么，当客户兴趣已被激发时，有哪些明显特征或者标志呢？

一般我们可以通过客户的以下这几种表现来判断客户兴趣是否已被激发。

1. 客户主动向销售询问下一步操作

这是一个比较明显的客户兴趣被激发的表现。客户主动询问销售人员下一步该如何操作，就是代表双方的沟通已经促使他进行了思考，客户想知道接下来操作的步骤和具体方法。

这意味着客户从和销售的沟通中，感觉到了目前存在的业务问题对其的影响，或者案例中描述的问题及价值体现已经让客户有了改变的想法。

2. 将销售人员引荐给拥有更大权限的人

作为销售人员，如果你和客户沟通完毕，客户有意向把你引荐给其组织内拥有更大权限的人，一方面，这表明客户已经对你产生信任，因为如果不信任，就没有引荐的机会；另一方面，客户把你引荐给其组织内拥有更大权限的人，也可能代表目前他已不具备继续推动该项目的能力，想通过将你引荐给更高层的领导，借助后者的力量来继续推进该项目。

3. 客户主动和销售人员分享业务问题，探寻方案

客户能主动和你分享业务问题也是客户感兴趣的一个明显标志。从"你主动说"到"客户主动分享"，这是一个质的变化。客户主动分享也代表着客户以前就已经对类似的业务问题做过思考，也许有意愿去改变，甚至已经有寻找解决方案的想法。所以，主动和销售人员分享业务问题也是客户兴趣被激发的表现之一。

客户的这3种表现有时候会出现1种或者2种，有时候也会同时出现，从主动询问到主动推荐再到主动探讨，这也是客户对产品和方案的兴趣在逐步升级的过程。

如果销售人员在激发客户兴趣的过程中，发现有这3种表现中的一种，这就代表客户关键人的兴趣已经被我们激发，我们就可以继续推进打单流程了。

第十二节 关于售前

本节将重点介绍：售前（注：售前技术顾问、售前工程师、售前人员等的简称）的角色定位；售前在打单中需要向销售提供哪些文档材料；销售该如何合理使用售前资源这 3 部分内容，以便让大家更好地了解售前这个岗位角色，更好地与其在销售过程中相互配合。

一、售前的角色定位

在早期的 B2B 销售中并没有专职的售前顾问，那一时期的售前工作还是以产品演示为主，销售人员的工作包括产品演示、跟单、维护商务关系、签订合同、确保及时回款等一系列工作。不管是大型软件还是小型系统的产品演示都是由销售人员来完成。

后来由于产品越来越复杂，客户需要供应商为自己解决的问题也越来越多，于是就出现了专业的技术支持人员。技术支持人员不光要给销售做支持，还要负责产品的实施服务等工作，这种模式就是销售＋技术支持的模式。

再后来，销售模式发生了转变，即从以产品技术为导向转向以客户需求为导向。此时由于销售模式的改变，就产生了售前这一工作岗位，于是就形成了销售＋售前的模式。

在销售＋售前的模式中，一般情况下，销售人员负责商务关系的突破及维护，售前人员负责前期技术交流和需求调研、撰写解决方案以及用于投标的技术标书撰写工作。

售前按其专业水平一般划分为 3 个层次。

（1）普通售前顾问。

针对普通售前顾问其专业水平的要求就是对产品功能以及技术参数等要特别清楚，能够为客户详细地讲解产品，并能有针对性地回答客户提出的问题。

（2）高级售前顾问。

针对高级售前顾问其专业水平的要求：除了须掌握产品知识以外，还要对客户的行业知识以及客户的业务有着深入的了解。高级售前顾问一般对客户的需求都可以提出有建设性的建议，并可以根据客户需求撰写出质量比较高的解决方案。

（3）售前咨询专家。

售前咨询专家除了对产品有一定的了解（本人不必去做产品的演示），以及对行业知识和客户业务有精深的研究以外，还要对企业的管理、组织、流程、绩效等方面有着全面的了解。售前咨询专家这一角色的意义就是不出马则已，一出马必能签约客户。

另外，在以下几种不同的销售方式下，售前顾问发挥的作用也不同。

（1）专业销售。

在这种销售方式下，由销售人员主导项目进程，售前顾问在多数情况下只负责技术支持、问题解答等工作。

（2）方案销售。

在此种销售方式下，由销售人员主导项目进程，售前顾问负责了解客户的需求、提供解决方案、产品演示、协助投标等工作。在项目推进过程中，需要由售前顾问配合销售，在客户采购流程的各个阶段建立阶段竞争优势。

（3）战略销售。

在此种销售方式下，一般由总监或者事业部总经理来主导项目进程或是由销售副总直接主导销售工作，具体工作由销售人员和售前顾问配合。此时除了商务关系继续由销售人员负责推进和维护以外，大部分的项目推进工作由售前技术人员主导，他们需要拿出符合客户战略规划的解决方案，此方案不仅要能满足客户目前的需求，还要从业务战略方面为客户做弥补或者提供支撑，以便和客户建立起长期的战略合作伙伴关系。

二、售前在打单中需要向销售提供哪些文档材料

在 B2B 销售过程中，售前技术支持人员都需要向销售提供哪些文档材料？这些文档材料有什么作用？

一般售前技术支持人员要提供以下 4 个方面的材料。

1. 立项建议报告

该文档是为协助客户立项而提供给客户的。一个项目从无到有，立项报告是起到非常关键作用的材料，只有立项报告通过了，该项目才会是一个真正的项目，否则只是一个假项目或者是一个不存在的项目。

立项报告的内容一般包括：现存问题及其带来的影响；解决问题带来的价值收益；建设目标；预算；资源投入；保证措施；时间计划等内容。

2. 解决方案

该文档是在项目立项后到招（投）标阶段需要提供的材料。解

决方案是促使己方能够获得阶段优势的重要材料。解决方案的核心关注点一般有以下几项。

① 解决方案的完成及交付需要经过对客户需求的调研。调研的目的主要是了解客户需求以及推进并维护与客户形成的商务关系。

② 解决方案要包含主要关键人和决策人的观点和主张。好的解决方案还要有投资效益分析。

③ 解决方案是用来给客户仔细阅读及分析的，而不是只发给客户就万事大吉。

3. 工作量评估（因行业不同而有所区别）

工作量评估是给销售报价做准备的。工作量的合理与否，会直接影响竞争的形式。一般情况下，售前顾问为了保障项目的质量都会多评估一些工作量，但是销售有时为拿出一个富有竞争力的协议会减掉一些工作量。因此，这两方面需要平衡，在最终的工作量评估中得出一个合理值就可以。

尽管不同行业的工作量差别较大，但一般情况下工作量应包括：实施工作量；开发工作量；调研工作量；安装调试工作量这几项内容。

4. 技术标的 WORD 文档和 PPT 文档

技术标的 WORD 文档是用来投标的，因此只需完全符合标书要求即可。而 PPT 文档是用来讲标的，重在针对客户的问题提出己方的解决思路和投资效益分析，以及为了保证项目成功而提供的保障措施，因此 PPT 文档应制作得完整、清晰、美观。

三、销售该如何合理使用售前资源

在大项目销售过程中，尤其是涉及专业性比较强的领域，都需要售前技术人员和销售人员一起配合去打单。

在讨论这个问题前，我们先一起了解下一般情况下大项目销售的售前资源现状。

① 所有公司的售前资源都是紧缺的，通常情况下是几个销售共用一个售前资源。

② 大多数情况，一家公司只拥有一个或者很少的几个售前资源，这和公司业务以及公司规模有关系。

③ 有能力的售前顾问不好找，可遇不可求。

④ 公司自己培养售前顾问会耗费较长周期，因为一个好的售前顾问需要具备很高的素质，需要有行业专业能力、有阅历、有口才、形象好。

各家公司都要在售前资源短缺的情况下去创造好的业绩。那么，在这种情况下销售该如何合理使用售前资源呢？我们给出了以下几项建议，供大家参考。

（一）做好售前顾问能力盘点的工作

针对售前顾问能力的盘点，主要是指销售人员要明白与之配合售前顾问的优势和不足之处各在哪里。做得较专业的公司在内网上都会提供售前专家及顾问的介绍，会把售前顾问的专业、研究行业、个人特点清楚列明。但是一般这类介绍都会很笼统，销售人员可以根据自己的具体要求建立一张属于自己的顾问能力盘点表。

售前顾问的能力主要体现在以下几个方面。

1. 产品讲解能力

产品讲解能力是售前顾问应具备的基本能力，但是你会发现售前顾问在该项能力的表现上也是千差万别。有的顾问只能讲本公司的产品；有的顾问能从客户业务的角度讲产品；有的顾问还能根据客户关注的问题和竞品对比着讲产品。所以，你要了解各售前顾问的能力具体在哪个层次。

2. 方案制作能力

优秀的售前顾问所制作的解决方案必会有现状、有分析、有解决办法、有案例、有投资分析、有服务承诺。不好的方案只是一份简单的产品白皮书。

3. 讲标和讲方案的能力

因为讲标和讲方案基本属于一锤定音的销售动作，主讲者很难有第二次机会去重讲以弥补此前的不足。因此，该项能力对售前顾问的要求极高，尤其是控场能力、应变能力。

4. 与客户高层交流的能力

打单过程中有一个环节叫高层调研，在这个环节中售前顾问既要了解客户高层的需求，也要做好能力展示。

（二）恰当的人做适合的事

所谓"恰当的人"，即指销售调用售前资源去和你一起拜访客户前，一定要搞清楚售前顾问的能力，不要让售前去做超出其自身能力范围以外的支持。

所谓"适合的事"，即指不是客户提出的所有要求销售都要答应，客户的需求不是所有的都合理，销售要能做出恰当的分析和判断，不要去浪费售前资源。

（三）做好与公司内部售前顾问的关系维护工作

好的销售应该既做好外部销售也做好内部销售。所谓"内部销售"，就是让公司所有的资源都能帮你，而不是成为你在推进销售过程中的障碍。

具体办法总结如下。

① 不要让售前顾问做超出其自身能力范围的事。

② 把售前顾问当成老师和朋友，而不只是简单的同事关系。

③ 商务方面的工作安排要做好。

④ 让售前顾问也拥有签单的成就感，成单后可以将售前顾问推至台前享受赞誉。

⑤ 协助售前顾问提高专业水平。

第十三节 解决方案

给客户提供解决方案是 B2B 销售尤其是大客户销售中的重要内容。本节将重点介绍：为客户提供解决方案的原因及解决方案的主要内容；解决方案的 3 种形式；项目处于不同阶段要给客户提供哪些材料这 3 部分内容。

一、为客户提供解决方案的原因及解决方案的主要内容

有几个做销售的朋友曾一起讨论过一个问题：为什么要给客户提供解决方案？

借此机会，我来回答下这个问题。解决方案是为了弥补销售人员一方产品知识覆盖面不足的问题，客户需要的不仅是产品的功能，还需要看到整个销售流程中从产品、服务到交付各个层面体现出的供应商及销售个人的实力，这样客户才会放心和销售签单并把项目交付给对方。

和以往只卖产品给客户不同的是：解决方案是需要站到客户的角度去思考客户需求的问题。客户需要的是销售方能系统地了解他的问题并结合他的现状，给出一整套解决问题的思路和方法并且可以确保落地实施。

一般的解决方案大体包括以下 3 个部分。

第一，方案主题。这部分内容应包括客户目前存在的问题、解决问题的思路和方法以及产品如何落地应用。

第二，成功交付及服务。这部分内容应包括测试、部署、人员投入、交付方式、服务模式、案例等。总之，销售要清楚地告诉客户，自己如何能够确保把事情做成功和做到位。

第三，投资效益分析。在打单过程中，销售要告诉客户，若采用了你的方案，能够给客户带来哪些价值。这些价值如果用财务概念来表达，就是投资效益分析。

为客户提供解决方案时需要注意以下几点。

① 方案是在先期调研的基础上得以完成的，不经过调研而得出的方案只能是闭门造车。

② 方案中最好能够包含客户中所有关键人的需求和想法，而

不是某一个关键人的需求和想法。

③ 方案是需要宣讲的，而不是做完了直接发给客户就万事大吉。

④ 宣讲方案时客户关键人最好全部在场。

⑤ 方案汇报完成后还要听取决策人的建议。

二、解决方案的 3 种形式

在传统意义上经过需求调研后得以完成的解决方案的基础上，对解决方案的理解范围我们还可以再扩大一些，比如，协助客户立项的项目立项建议书、立项以后经过需求调研提供的项目解决方案以及项目在投标阶段供应商提供的投标书等，都可统称为解决方案。

解决方案的设计应充分理解客户的需求，采用合适的技术手段和恰当的产品及稳妥的实施计划，尽可能地展现方案的竞争优势及特色。

另外，在撰写解决方案时，一定要考虑解决方案应具有的商业特性、技术特性和项目的可管理性等。

项目的不同阶段供应商所提供的解决方案有不同的形式。

（1）项目立项阶段的项目建议书。

项目建议书是用于协助客户启动立项，侧重点是分析客户实施该项目的宏观和微观形式以及现存的问题，强调实施该项目的必要性和紧迫性，再介绍市场上具有相关产品和技术的潜在供应商的产品特点和优势，并提出成功率最高、风险最低的可行性方案。

（2）项目立项后的项目解决方案。

项目解决方案是在理解客户需求的基础上，对客户现存问题进行解读并予以解决，侧重点是分析现存问题，提出功能需求及相应技术实现手段，并辅以保障措施，由此说明用户需求是可以实现的。

（3）项目招（投）标阶段的项目投标书。

项目投标书用于在客户招（投）标活动中，按招标书的标的要求提供有针对性的解决方案。项目投标书应包含传统意义上的解决方案的全部内容，再增加投标公司的优势描述和相关附件。

项目投标书的编写总原则是须按照客户所提供招标书的标的要求准备，对投标书的具体要求是规范合理、符合原则，不要任意发挥，不犯低级错误。

这就是项目处于不同阶段，供应商给客户提供的不同形式的解决方案。解决方案既是客户验证供应商能力和实力的常规手段，同时也是销售获得竞争优势的最好工具。

三、项目处于不同阶段要给客户提供哪些材料

在 B2B 销售中，有时销售需要给客户提供不同的文档资料作为未来解决方案的组成部分。不同的资料在打单过程中有不同的作用。那么在项目推进的不同阶段，销售人员应给客户提供哪些资料呢？我们将在下文中做详细分析。

1. 初步接触阶段

在该阶段，销售人员给客户提供的资料主要是公司简介，目的是让客户对公司发展、品牌、实力、产品、案例、服务有一个大致的了解。

2. 初步交流之后

在该阶段，销售人员给客户提供的资料是公司所做案例或是产品价值介绍，目的是对未被或者已经激发兴趣的客户做进一步激发或者推进。

3. 客户有初步意向

在该阶段，销售人员提供给客户的资料是客户立项建议书或者公司整体情况的介绍，目的是协助客户启动立项工作，或者进入客户的备选供应商数据库。

4. 需求调研

在该阶段，销售人员为客户提供的资料有业务诊断建议、项目解决方案、总体实施计划。目的是借助资料中所展示的咨询能力、产品及技术能力、实施服务能力，全方位地证明公司的实力。

5. 考察供应商

在该阶段，销售人员为客户提供的资料有项目选型标准建议、供应商实力对比分析，目的是影响客户的选型标准，帮助供应商了解不同供应商各自的优、劣势。

6. 项目招（投）标

在该阶段，销售人员应该提供的资料有项目招标技术参数、项目投标书、评分标准、战略合作建议，目的是控标以及和客户建立长期合作关系。

❧ 第十四节　招（投）标 ❧

招（投）标是 B2B 销售过程中必不可少的环节，销售人员有必要对招（投）标的全过程做一个全面的了解。本节内容包含了客户的招标形式；客户不选你为什么还让你参与；如何识别陪标"陷阱"；4 种控标方法；新销售第一次投标的注意事项；投标过程中的 6 种低级错误和造成废标的 10 大原因；投标评估的几个核心内容；报价、定价、二次报价、分期报价的处理方式共 8 部分内容。

一、客户的招标形式

在 B2B 销售过程中客户的招标形式有哪几种？销售人员只有弄清这些招标形式才能更好地控标。

投标是项目型销售经常要做的工作，所有的销售人员都有过第一次投标的"痛苦"经历。之所以感到"痛苦"，是因为销售第一次投标会感觉无从下手。所以，我们非常有必要让销售尤其是新销售了解企业招（投）标的流程以及关键点，也就是本小节的重点——"识标"。

（一）企业为什么要招标

1. 采购制度要求

企业要求：采购金额在 ××× 万元（即，某一具体金额）以上必须要招标。这是企业采购制度中的一项基本规定。

2. 节约成本要求

从节约采购成本来讲，节约的成本就代表企业获得的利润，所以"比质比价，货比三家"永远是企业降低采购成本的重要手段。

3. 战略采购要求

从企业采购战略的角度来考虑，一方面想要降低商品的采购成本，另一方面可以通过招标增加新物品进入企业的机会。因为从降低总成本的角度来考虑，最有效的手段也包括降低采购成本和寻找新的物料替代品。

（二）企业招标常见的形式

1. 公开招标

公开招标是指企业采用不限定供应商家数的一种招标方式。在这种招标方式的基础上，有的企业自己来组织招标，有的企业委托招标公司来组织招标。

2. 邀标

所谓邀标，就是企业为避免良莠不齐的供应商进入投标环节，采用限制性措施邀请供应商投标的一种招标形式。

3. 竞争性谈判

竞争性谈判是公开招标的一种补充，或者是公开招标废标后企业采用的一种招标方式。

4. 单一来源

采用这种招标方式是因为有的企业有续采订单，也就是向原供应商直接采购；有的企业是因为所采购的物品具有特殊性和不可替代性。

此处，还有几个关于招标的知识点。

废标：一般参与投标不足 3 家的，此次招标活动作废。

入围：采购方从参与投标的所有供应商中选择 5 家或者 3 家进入候选供应商范围。

围标：控标最常用的一种方式。

二、客户不选你为什么还让你参与

客户有项目正在招标，但客户肯定不选你，为什么还希望你参与？

在销售工作中，我们经常碰到这种情况：客户的某个项目正在招标，自己明明没机会，但是客户还是让你去参与。新销售往往对这种情况感到很迷茫且缺乏判断能力。

销售人员碰到这种情况应该怎么办？我们可以按以下几种方法来处理。

第一，判断该项目是否属于战略项目。所谓战略项目，就是自己公司想将业务推广进入一个新行业，但没有突破口，碰到这样的机会就要明知道中标希望不大，也要参与一下。

还有一种情况：这个客户属于自己公司必须要争取的客户，而客户设有供应商备选库，若公司无法进入供应商备选库，就没有实际参与客户项目的机会，在这种情况下，也是要参与的。

第二，该项目不属于战略项目，但有必要让销售新手练兵。以前说过，销售技能属于实践性的学问，不去经历永远都不会明白其中的道理。但如果决定参与，就要控制好公司资源的投入，不宜过多。

第三，不参与，但也要有礼貌且理由正当地告诉客户，不要为此得罪客户。

那么，我们从另一个角度也分析一下，客户为什么希望你参与。

① 工作职责。客户项目的采购人员或者联络人员日常的工作就是要联系供应商、询价以及了解供应商的资质及经验等情况，而这些是他们的日常工作，联系我们无可厚非。

② 货比三家。公司的采购制度明确规定要货比三家，不够招标书所规定供应商家数的采购项目不能形成采购。当然，有的客户也会应用单一采购来源的形式，不能一概而论。

③ 选择让你参与到最后，是客户为了更顺利地让自己真正中意的供应商能够脱颖而出。"红花还要绿叶配"就是这个道理。

④ 压价。客户虽然已经有了目标供应商，但为了压价，也会将你选入其中；并且客户在沟通的过程中永远不会告诉销售是否有希望拿下项目。

讨论以上这些内容的目的是要告诉大家，尤其是新销售，在投标时要做到心里有数、准确判断、少走弯路。

三、如何识别陪标"陷阱"

讨论了上述问题，有的新销售可能会问：在经验不足的情况下，怎么判断自己是在陪标呢？

面对这一问题，新销售不用紧张。从事销售工作的人，一般都会有陪标的经历。

销售人员之所以会做陪标，主要有以下两种原因。一种是：帮甲方凑参标的家数，或者为能够进入甲方供应商采购库，为的是后面有机会参与甲方的其他项目，为今后更好地合作而参与陪标。

还有另外一种是：销售急于提高自己的业绩或者在面临很大业绩压力的时候，不容易识别项目机会，那就很容易掉入陪标"陷阱"，会造成公司人力、物力等资源的浪费。

那么，当一个投标机会出现的时候，销售人员如何能快速识别是否是陪标的项目呢？

以下这几种简单方法，可以帮助销售人员快速识别是否陪标。

① 根据投标时间判断。当你接到甲方邀请参与投标电话的时候，离具体投标时间已经很近了。一般情况下，甲方会留出15 天的时间给投标方准备标书，用于投标答疑，这种情况属于正常。但如果在离投标日还有2 ～ 3 天时，你接到甲方邀请投标电话，这种情况极有可能是目前参与甲方项目投标的供应商家数不够，或者有投标方临时退出，造成现有投标厂商不能满足投标要求。

② 根据招标书判断。甲方的招标书编写工作，一般会有甲方心目中的供应商参与其中。为了有效屏蔽竞争对手，参与编写标书的供应商就会把自己所具备的一些优势作为准入门槛或者投标关键项写入招标书。

所以销售可以通过标书中是否有特别要求的某类资质；标的物是否有明确规定的型号或者服务；是否有某些特定的需求、特殊价格的要求；评标指标评标分数以及评标规则的设定等去判断。

③ 根据报价判断。甲方会催你尽快提供报价，但当你报价后，再向对方要求交流机会时，会遇到推脱。这种情况就是甲方项目人员在完成自己内定的招标流程。

④ 根据交流过程判断。有些时候甲方会提供交流的机会，但是你会在交流过程中发现下列情况：交流时间短；交流过程中甲方人员进进出出；没有问题可问或象征性地问几个无关痛痒的问题；可能会提出一些特别的需求，而这些需求多数只有竞品能满足等。

⑤ 根据第三方的出现判断。有些时候项目的推进过程并不由甲方直接控制，而是由第三方公司或者某个人来控制。你会发现所有的流程都是在安排好的顺序或方式下进行，这个时候就需要引起你的警觉或者注意。

四、4 种控标方法

那么千辛万苦走到投标环节，销售怎么减少自己培育的项目被别人抢走的机会呢？这也是今天我们想聊的话题，即销售该如何控标。

首先，我们先了解几个概念。

① 围标。所谓围标，有一种说法就是，在甲方（即客户）不知情的情况下，想中标的供应商联合其他供应商一起参与甲方项目的投标活动。我们把这种投标活动称为围标。

② 陪标。陪标是指在甲方知情的情况下，运作甲方该项目的供应商找其他 2 家供应商协助自己完成甲方的招标活动。这种情况我们称为陪标。

③ 串标。串标指的是投标单位之间或投标单位与招标单位相互串通，并暗中指定中标供应商的投标活动。

接下来，我们再来了解下控标的方法，常见的有 4 种。

① 控资质。就是招标书中涉及资质要求的部分提出一些甲方中意的供应商所独有的资质要求或者非行业常规的资质要求，而这些资质是其他供应商不具备的，比如，本来是软件标的项目却增加系统集成资质的要求。这种情况就是一种控资质的控标方法。

② 控需求（参数）。即控标方把有利于自己的产品或者功能增加到甲方的招标需求当中，从而造成其他供应商满足不了该需求的现象，挤掉其他供应商。这种控标方法不像控资质那样明显，但是细心的销售也可以发现其中的蛛丝马迹。

③ 控评分。这种控标方法的操作难度相对会大一些。常见的控制评分一般是从评分项、各项分值占比、评分规则这 3 个方面来进行操作。

④ 控评委。即提前安排对控标方认可的评委参加评标活动，从而在评标时获得竞争优势。

以上是常用的 4 种合规情况下的控标方法。一般的招（投）标项目往往都是甲方和某一家（几家）供应商提前运作好的项目，所以，建议销售人员多提前了解项目的运作情况，做透客户关系，控制好招（投）标。

五、新销售第一次投标的注意事项

第一次投标的销售人员总免不了手忙脚乱。如果销售接受过招（投）标方面的要点培训，就会好很多，在此我们无法替代企业对销售进行相关培训，只能对一些重点注意事项进行一些介绍。

例如：销售如何快速制作投标书；新销售和领导去投标时的注意事项。

1. 如何快速制作标书

首先，销售在拿到招标书后，要仔细阅读并确认以下信息。

① 了解投标流程，包括提交投标书的时间、开标时间、是否有讲标环节等。

② 仔细确认投标资质方面都有哪些要求，是否有己方无法满足的资质要求。

③ 评估招标书中的需求，是否有己方无法满足的需求。

④ 评标标准及评分规则分析。

⑤ 是否要提交投标保证金及具体的提交时间。

其次，进行以下几类评估。

① 实力满足度评估。

② 业务满足度评估。

③ 利润评估。

最后，做好标书制作工作的分工并确认进度及提交时间。

① 商务标和技术标的负责撰写人以及标书提交时间。

② 投标书 PPT 文档的制作。

③ 投标价格的最终评估。

④ 对投标书进行审核。

⑤ 投标书签字盖章，并打印。

⑥ 封标。

⑦ 确认去评标地点的乘车路线及到达时间。

2. 新销售和领导（及同事）去投标时的注意事项

新销售第一次参与投标，主要的任务是学习和感受投标现场氛围。

除此以外，参与投标的新销售还要做好下面 4 项工作。

① 如果你是投标代表，要向客户及评委隆重介绍己方的领导及技术专家（售前）。

② 开商务标时，须记住竞争对手的报价及优惠条件，然后用评分规则去评测己方商务标的排名。

③ 开技术标时记下客户及评委提的问题。

④ 识别客户及评委中哪些人对你有兴趣，哪些人对你有所排斥。

针对商务标排名、技术标客户提问、客户及评委判断，你须在第一时间和领导一起进行判断。

六、投标过程中的 6 种低级错误和造成废标的 10 大原因

我们在前文中已讨论了招（投）标的方式、如何控标以及新销售如何做好投标活动。下面我们把销售投标容易犯的错误和会造成废标的原因分析一下。

（一）投标过程中的 6 种低级错误

① 总价和分项报价汇总不一致。

这是投标过程中最常见的错误。出现这种错误，主要是因为汇总分项报价不细心或者是总价拆分不仔细造成的；也有是因为小数点和千位符错误造成的。

② 标书中公司名称不一致。

出现这种错误，主要是因为标书内容是复制粘贴过来的；也有的是因为以总公司或是分公司作为投标主体，但是没有对二者名称的差异进行核对造成的。

③ 盖章页漏盖或者签字页漏签。

这种错误常见于新销售制作的标书上，主要还是投标经验缺乏和检查标书不仔细造成的。常见的补救方法是把盖章页和签字页折一个角或者是写一个备忘录，在备忘录中把需要签字和盖章的页码记下来。

④ 密封不合格。

这种错误一般是没有按照招标书的要求去密封或者密封袋没有盖章造成的。

⑤ 没有单独提交投标保证金页。

这种错误常见于已经打款、但是没有单独密封提交投标保证金页。

⑥ 投标迟到。

这种错误就更不用说了，这也是投标过程中最致命的错误，其实还是投标人缺乏责任心造成的。

（二）造成废标的 10 大原因

① 投标一览表没有单独密封。

② 投标书未能全部手签，比如，正本是手签而副本是复印的。

③ 骑缝章对接不完整，由盖章疏忽造成的。

④ 投标书中，法人代表和授权代表签字的笔法相似，这种情况一般是找同一个人代签造成的。

⑤ 千位分隔符放错位置，这种情况多数由于制标人不认真造成。

⑥ 投标书未按要求放法人代表扫描件，而放的是复印件。

⑦ 项目经理讲标，投标书中承诺的项目经理和讲标人不是同一人。

⑧ 法人代表签字处用的是法人代表签字章，而非要求的本人签名。

⑨ 电子版标书要求刻光盘，结果拿到投标现场的是 U 盘。

⑩ 标书中的参数、技术等无偏离，但标注与招标文件有差异。

七、投标评估的几个核心内容

销售人员在拿到一份标书的时候，一般情况下领导都会问这个标有多大把握。其实领导的意思就是这个标是否经过详细的评估。因为如果不作投标前的评估，极有可能会浪费公司的人力、物力和财力，毕竟每家公司的资源都是有限的，所以，如何用有限的资源做收益最大的事是每位公司领导都需要考虑的问题。

销售作投标评估一般从以下 3 个方面进行。

1. 关系评估

首先，要评估客户关键人对己方的支持程度，这里包括决策人和其他关键人。销售过程其实就是努力争取关键人和决策人支持的过程，如果在一个项目的投标过程中，没有客户关键人或者决策人的支持，中标的概率会很小。

其次，要评估客户采购的一些关键环节，比如立项报告、项目时间表、采购标准、招标文件是否参照己方提供的材料及标准，这也是判断客户和己方关系的重要因素。

2. 能力评估

首先，要评估己方的投标资质是否满足或者满足程度如何。这也是销售从能力方面评估己方中标机会的主要内容。若投标资质不满足基本就不用参与投标了，除非有能力改变和调整招标方的资质要求。

其次，要评估己方对招标方业务需求的满足程度，是完全满足还是部分满足。这一点决定了投标的方式：如果是完全满足就可以独立投标；如果部分满足可以选择联合投标。

最后，要评估己方对招标方技术需求的满足程度，尤其是一些大客户因为有自己的 IT 规划和明确的技术路线，往往在技术层面有着独特的要求。

3. 价格评估

首先，销售作为投标方，是否已经明确了解招标方针对此标的的投资预算。因为若不了解或不知道招标方的投资预算，投标方只能按历史经验或者成本加成来确定投标价格。

在了解了招标方的投资预算以后，投标方要先做投标价格估算，然后再决定是否参与本次招（投）标活动。

其次，预估竞争对手投标价格也是一项非常关键的评估内容。我们有时不光要考虑客户的投资预算，还要分析竞争对手的投标价格，这样才能确定合理且有竞争力的投标价格。

八、报价、定价、二次报价、分期报价的处理方式

（一）投标报价都要参考哪些因素？

① 招标方的投资预算；

② 本企业就该项目的投入产出和收益估算；

③ 类似项目的合同金额；

④ 竞争对手的报价。

（二）为什么投标在最后封标时才定价？

投标前，报价往往在最后一刻才确定，主要原因为：防止过早暴露自己；

在得到其他竞争对手的价格情况后能够及时作出调整。

当然，也有为了麻痹竞争对手同时做两份报价的情况，毕竟有些时候商场形同战场。

（三）投标后客户说价格高，让我们第二轮报价怎么办？

投标二轮报价是很多投标活动中都会碰到的事，二轮报价的基础就是供应商要平衡自己在这个项目中的优、劣势。

① 如果确定在这个投标项目有优势，二轮报价建议可以把尾价作为优惠，比如 5326000 元，可以把尾价 6000 元作为降价优惠给去掉。

② 如果确定有希望中标，二轮报价需要确定成本价，在成本价的基础上做合理加成。公式为：

报价 -（成本价 + 合理加成）= 优惠价

③ 如果确定己方在该项目上已无希望，建议二轮报价时，也不要报低于成本的"放水价"，因为这样做既无必要也不可取。

（四）客户项目分两期，第一期报价里面可以不体现第二期报价，投标书中是否应包含二期方案和报价？

这种情况一般出现在技术标里，要体现二期的技术方案，因为如果不体现，会造成方案不完整。一期报价是否要包含二期方案和报价，还需要具体分析。

　　关键分析因素包括控单力度、赢率、客户采购习惯、客户资金预算、竞争态势、具体需求等。

　　在具体操作过程中，可以根据实际情况选择不报价，或者报天价、活动价、范围价、打包价等方式。

第四章

销售策略

Chapter IV

前文中我们说过，B2B 销售的日常三件事是：做影响客户关键人的事；做配合客户采购流程的事；做动脑筋想着如何赢单的事。本章主要讲解的就是如何才能赢取订单，也就是在销售过程中如何定销售策略，从而获得竞争优势。我们将从信息与策略；客户关键人；客户决策；面对竞争这 4 方面进行分析。

第四章
销售策略

Chapter IV

❧ 第一节　信息与策略 ❧

本节将介绍：信息在打单中的作用；信息掌握失误带来的不利影响；掌握 5 类信息是制定策略的前提；策略是制胜的关键；竞争策略的种类及相应的选择共 5 方面的内容。

一、信息在打单中的作用

销售战首先是信息战，信息在大项目销售中主要有 3 个重要作用，下文我们会逐一进行分析。

本节重点是帮助销售人员及销售管理者梳理一下在销售过程中应如何运用信息。我会以目标为导向，告诉大家在销售过程中达到某个阶段目标需要掌握哪些信息做支撑。

第一个重要作用：判断目标客户。

① 场景信息。场景信息就是我们（即，供应商）的产品和服务在客户业务中的应用场景，具体就是如何用、怎么用的问题。

② 客户特征。客户特征就是客户的组织其自身具有哪些特征才能使用我们的产品和服务，比如，资产达到多少、有哪些部门或者有哪些应用。

③ 关键人痛点。关键人痛点即关键人如果没有应用我们的产品或者类似产品会有哪些问题，以及这些问题给关键人带来何种影响。

第二个重要作用：判断商机。

① 需求信息。比如客户是否有明确需求，以及这些需求和我们产品的匹配性如何。

② 预算信息。比如客户是否有预算，预算是否是为我们的产品准备的，预算是否足够以及资金来源如何。

③ 关键人。比如是否有专人负责该项目，该项目在关键人工作中的重要程度如何。

④ 时间信息。比如，客户是否有针对推进该项目的明确时间计划。

第三个重要作用；判断赢得该项目的概率。

① 项目阶段。项目的不同阶段，客户的关注重点也不一样，比如，在项目需求阶段，客户更关注需求和价格，而进展到商务阶段则更关注风险。

② 关键人信息。比如 UB（业务把关者）、TB（技术把关者）、EB（决策者）、COACH（教练）是否都已找到以及对我们（即供应商）态度如何，他们更认同哪家供应商的哪些特征和性能。

③ 竞品信息。比如，竞争对手赢单的差异化优势在哪里，影响了客户的哪些关键人和关键流程。

借助以上信息以及不同的分析模型，我们可以计算出赢下该项目的概率。

二、信息掌握失误带来的不利影响

有人会问，大项目销售中销售人员（简称：大项目销售）最根本的作用是什么？简单来说，大项目销售对客户要做到引导和影响，这需要有很强的专业能力和商机判断能力。其实，以我个人的看法，大项目销售更应该把精力放到信息搜集方面。

我们已经说过，信息的全面、准确、及时会对项目的判断和策略制定产生决定性影响。这里举 3 个因信息掌握失误造成损失的案例，以此来强调信息的全面、准确、及时对项目的判断和策略制定的重要性。

1. 案例一

李经理让小汪说一下某地产企业关键人的情况。小汪一直接触的是 UB（使用者或业务把关者），并且 UB 和他拍胸脯保证说，这个项目他自己就可以完全做主了，因为老板对他充分信任。

后面的结果却是，竞争对手直接找到 EB（决策者或老板）做了专业影响工作，造成了目前项目推进很被动的情况，最后费了很大周折才扭转局面。这就是对客户关键人信息掌握得不全面，错把 UB 当 EB 造成的惨痛教训。

2. 案例二

某企业销售总监项总和销售员小郝在聊最近一个要下单的项目。项总问："这个单子就剩价格谈判了，我们主要跟谁谈？"

小郝说："齐主任只负责需求和技术把关，具体谈价格是采购部谈。"

后面的情况却是，这个客户的价格谈判要经过三轮，分别是采购、财务、总经理，三方都要对价格进行衡量。后面这个单子的成交价格离他们的预判价格差距不小，造成不少利润损失。这也是因为掌握信息不准确而造成的。

3. 案例三

临近招标了，确定围标的项目应该是十拿九稳了，但是沈总却一晚上没有睡着觉。这是因为，临近封标了，忽然又多出一家"黑马"公司。而这家公司怎么出现的、谁引荐的，己方销售对这些情况一无所知，而且己方的价格、服务承诺、保修期等条款都已经制定，甚至连讲标策略都已定好。现在这家公司的突然出现让沈总感到心里发慌，不知道如何调整己方方案。这就是因掌握信息不及时给投标项目带来的麻烦。

三、掌握 5 类信息是制定策略的前提

通过前文我们知道，项目销售过程中信息搜集是销售人员的一项基本能力，同时也是项目推进过程中策略制定的基础。那么，销售过程中我们都需要掌握哪些信息呢？

一家国外的知名软件公司针对目标大客户制定了一套客户管理体系，其中不同阶段的信息收集加起来总共有 240 多项。如果销售要对这 240 多项信息都要了解甚至掌握，那么时间和精力的投入会非常大。所以，我帮大家精简了一下，留下 5 类信息是销售必须要掌握的，因为这些信息是销售制定策略的前提。

1. 客户信息

客户信息包括基本客户概况、行业地位、业务模式、组织架构、上下游产业等。客户信息也是客户企业的基本信息，了解这些有助于销售了解客户的概况，这也是销售首先要掌握的信息。

2. 项目信息

项目信息包括项目需求、项目范围、项目预算、项目时间、采购流程、决策流程等。一方面，项目信息有助于销售了解整个项目的大体情况，销售可以从上述各个层面评估己方是否要参与该项目

的竞争；另一方面，如果参与竞争，那么还要评估该项目竞争过程中的投入产出及资源匹配情况。

3. 关键人信息

项目的关键人信息包括技术关键人信息、业务关键人信息、决策人信息。销售要了解关键人对于项目的看法、其心目中理想供应商的画像、项目成功标准以及从项目中想要满足的个人采购动机。

4. 竞争信息

竞争信息包括有哪些竞争对手参与这个项目以及参与的深入度，竞品对手有哪些特点，这些特点和客户采购标准的匹配程度，以及和竞争对手相比，己方的差异化优势在哪里；另外，竞争对手对关键人的影响程度如何。

同时还要了解己方在项目招标活动中的位置，是处于优势、劣势还是与竞争对手平手的状态。

5. 采购及付款信息

采购及付款信息是销售对客户信誉度评估的关键项，包括以往客户在类似项目的采购习惯是什么、是否需要招（投）标以及财务付款流程是什么等。

总之，在销售打单的过程中，信息越全面越有利于竞争策略的形成，信息越准越能保证销售团队制定策略的正确性。

四、策略是制胜的关键

多年的销售工作经历让我这个老销售越来越深刻地认识到：销

售的逻辑分析能力十分重要。借由这个思考引出本小节我想分享给大家的内容：在 B2B 行业销售中，逻辑分析能力是策略能力的基础，而策略能力正是销售最终能够得以签单的关键因素之一。

我把销售打单的策略分为 3 种，分别是项目策略、阶段策略和竞争策略。

1. 项目策略

所谓项目策略，就是在获得一个销售机会时，销售要从整体来分析赢得这个项目的关键点在哪里。项目策略的制定重点是：要考虑项目需求以及客户采购标准和公司核心竞争能力是否匹配。

2. 阶段策略

所谓阶段策略，就是在客户采购流程的每个阶段，销售都要保证自己的销售动作能够执行到位，比如产品演示环节，用何种演示方法才能保证演示的最佳效果。阶段策略制定的重点就是要考虑：销售在当前阶段如何工作才能影响到关键人，从而获得阶段优势。

3. 竞争策略

所谓竞争策略，就是要考虑在有竞争对手的情况下，己方的差异化优势在哪里？且这种优势如何能够获得关键人的认可。

总之，项目策略重点是针对需求和采购标准的；阶段策略重点是针对关键人的；竞争策略重点是针对竞争对手的。

那么以上这 3 种打单策略，具体应用到实际打单中应如何操作呢？

首先，要做好局势分析。就是分析清楚己方在这个销售机会中的先发优势和劣势是什么？客户关键人怎么看待需求以及供应商？

竞争中己方的赢率有多大？不足之处又在哪里？

其次，做好赢单路径描述。就是要描述清楚，在项目中我们的赢单机会在哪里以及要去做哪些关键人的工作，最后才能淘汰竞争对手。

最后，做好资源的合理配置。销售在打单中要获得竞争优势，有时靠自己的单打独斗是不行的，必须要考虑整体资源的合理配置。

五、竞争策略的种类及相应的选择

在大客户销售中竞争策略的制定是一个非常关键的环节，合适的竞争策略有助于销售赢得订单；没有或者使用不合适的竞争策略会增加丢单的概率。所谓合适的策略就是根据项目的具体进展情况选择正确的方法，利用相应的资源，最终赢得订单。

竞争策略的选择源于以下 3 方面的要素：对机会的判断；足够的信息；关键人的动向。

一般的竞争策略有以下 6 种。

1. 先发制人策略

对销售人员而言，如果客户的项目是你从开始就引导并协助立项的，这时候就要采取先发制人策略，主动行动永远比被动行动强得多。

具体的方法：和客户共同制定采购和决策标准，在此过程中加强对客户决策人和关键人的影响以及与之的商务关系，充分传递己方产品及方案所蕴含的价值，让客户感觉和其需求最匹配。

先发制人策略的优点在于赢单概率大；缺点是销售周期会较长。

2. 硬碰硬策略

如果在一个项目中，项目机会不是由己方引导出来的，其中已经有竞争对手参与。这时候销售就要评估己方和竞争对手的综合实力，如果己方实力具有压倒性优势或者有较 3 倍于竞争对手的优势，就可以采用硬碰硬策略。

硬碰硬策略的优点是销售周期短；缺点是赢单成本高。

3. 迂回策略

如果在一个竞争项目中，己方与竞争对手相比没有绝对的优势，就可以采取迂回策略。所谓迂回策略，就是改变客户已有的采购标准。具体做法是：了解客户已有的采购标准，通过增加或者改变已有采购标准的关键选项来改变客户的采购标准，使之朝着有利于己方优势的标准进行调整。

迂回策略的优点是客户作出购买决定的速度较快；缺点是需要尽快接触到决策人，且可操作时间十分有限。

4. 拆分策略

如果一个项目从整体上评估，项目中有些内容己方的产品及服务已满足不了，但是项目中其他部分己方却有很强的竞争力。此时销售最好采用拆分策略，就是建议客户把项目中己方有很大优势的部分拆分出来。

具体做法是：强化与其中 1 ~ 2 名关键人或者是决策人的商务关系，让关键人或者决策人认可己方产品或服务优势部分。

拆分策略的优点是虽然己方只切入该项目的一部分，但可能是实现未来增长的基础；缺点是总收入减少。

5. 联合策略

所谓联合策略，就是如果己方做不到拆分，就要引进有实力的其他供应商，做联合投标，以实现优势互补。

具体做法是：提出更有吸引力的方案，让客户认可。

联合策略的优点是可以弥补己方在客户需求方面的不足；缺点是由两家甚至多家供应商联合为客户提供服务，客户的疑虑较大。

6. 拖延策略

如果你做不到拆分投标和联合投标，那只能采用拖延策略。

拖延策略使用的前提是：己方在市场份额、品牌、核心技术必须有独特之处，并且有很强的商务关系。采取拖延策略，会造成客户关键人或者决策人自身冒一定的风险。

拖延策略的优点是能确保赢得该项目的机会不被竞争对手抢走；缺点是需要投入很大精力在争取关键人和决策人的支持上。

✄ 第二节　客户关键人 ✄

销售的所有工作都围绕人进行，具体来说就是，销售工作就是针对不同的客户关键人去做影响和沟通。本节将主要介绍：B2B 销售中客户的关键人有哪些；关键人的痛点来自哪里；如何分析及管理关键人；关键人的个人利益具备哪些特征；不同关键人的关注点是什么；为什么在大项目销售中内线和教练缺一不可这 6 方面的内容。

一、B2B 销售中客户的关键人有哪些

在 2005 年 6 月，我当时所供职的公司请了一位销售培训师给

销售人员做了一次切片管理的培训。培训过程中老师问了一个问题："请问在座的各位，我们在销售产品或者方案时，我们的销售对象是谁？" 在场的 30 多位销售有的说是客户，有的说是目标客户，有的说是潜在客户。最后老师说："请大家记住，我们的销售对象是客户加关键人，因为我们所有的销售工作都是要去做人的工作。"这个回答让我醍醐灌顶，有茅塞顿开之感。

后来，在我做培训的过程中，有效识别关键人也一直是我培训课中非常重要的一项内容，在 B2B 销售培训中更是如此。

在 B2B 销售中，大多数销售可能只听说过 3 种或者 4 种客户关键人，而我今天要告诉大家，其实我们遇见的关键人共有 6 种。

① 决策者（EB）。这个人是项目最后拍板的人。

② 使用者或业务把关者（UB）。就是使用产品的人。

③ 技术把关者（TB）。这个人是从技术方面来验证供应商是否符合要求的人。

④ 潜在影响者。客户中的潜在影响者在某些情况下会对项目有着非常重要的作用，需要销售认真识别和寻找。

⑤ 教练（Coach）。他是你的坚定支持者，同时也是能够指导你赢得项目的人。

⑥ 内线。即给你提供涉及该项目信息和情报的人。

有的销售肯定会说，我们在销售过程中根本没有那么多关键人。那是因为，在你的工作中因为你所面对的客户级别不一样，销售的产品不一样，所以你还没有机会碰到这么多关键人。

举例说明。

面对小客户的简单产品销售：你碰到的关键人只有一个，就是决策人，也就是老板。

面对中型客户的简单产品销售：你会碰到决策者、使用者。

面对中型客户的复杂产品销售：你会碰到决策者、使用者、技术把关者。

面对大客户的复杂产品或解决方案销售：你会碰到决策者、使用者、技术把关者、潜在影响者。

二、关键人的痛点来自哪里

在销售过程中，尤其是复杂销售，我们经常说要找到关键人的痛点。只有找到关键人的痛点，销售才能对症下药，才能更好地满足客户需求，从而赢得订单。

那么，关键人的痛点是来自哪里呢？经过分析、调研后我们发现，关键人的痛点主要来自内部压力和外部压力。

（一）决策者的痛点

决策人的外部压力主要来自外部环境的变动所引起的压力，诸如整体经济形势、国家政策、行业新技术、法律法规的变动、市场变动、竞争影响等。

决策人的内部压力多来自内部管理方面的诉求，包括管理的加强、效率的提升、成本的降低、组织的优化等，这些因素到最后都会转化成针对决策人的内部压力。

决策人的内部压力有时候也来自企业"一把手"给的绩效压力。

（二）关键人的痛点

我们把关键人分为技术把关者和业务把关者。这两者的痛点多来自内部压力，大体可以分为以下 4 种。

首先是来自 KPI（即，关键绩效指标）考核指标的压力。如果没有考核，技术把关者和业务把关者是体会不到压力的，也就不会产生痛点进而产生需求，所以关键人痛点的第一来源是岗位的 KPI 考核指标。

其次是来自工作业绩要求的压力。无论技术把关者还是业务把关者，每个人都想把工作干得更出色，从而获得晋升机会。所以，关键人痛点的第二来源是工作业绩要求。

再次是来自向领导汇报工作的压力。有些时候向领导提交工作汇报，会让 TB 或者 UB 产生很大的精神压力，而这种压力有时甚至会大于 KPI 考核指标和工作业绩要求的压力，这也是关键人的痛点来源之一。

最后是来自其他部门给予的压力。企业是一个整体，讲究效率协同，如果因为客户所在部门的效率影响了其他部门的进度，客户就会产生很大的压力。

至此，我们把关键人痛点来自哪里做了一个简单的分类，希望销售朋友们能够有所了解，在打单过程中能够作出正确的分析。

三、如何分析及管理关键人

在销售过程中，对客户关键人的动态管理是一项非常重要的工作。

曾有一位销售培训老师讲到过关键人的管理，强调其核心逻辑就是要把客户关键人进行不同维度的分析，以便了解作为销售人员的我们在不同关键人心中的位置，从而针对不同关键人去开展工作，获得竞争优势。

那么，针对关键人的分析及管理都有哪些呢？又有哪些维度可以进行分析呢？让我们一起梳理下，我们可以从 4 个方面对关键人进行分析及管理，其中两个方面可以使用维度进行分析，具体如下文所示。

1. 关键人的反馈模式

关键人的反馈模式也就是关键人对项目的态度。了解关键人的反馈模式能够更有利于我们针对不同的关键人，以不同的方式进行沟通。

从关键人的反馈模式进行分析，关键人针对项目的反馈模式大致可分为4种：进取型；困境型；无欲型；自大型。简单概括而言：进取型关键人对新的事物有天生的热情；困境型关键人针对目前所处困境会努力寻找解决方案；无欲型关键人看重的是吃饱睡好不想多事；自大型关键人信奉"自己天下第一"。

2. 关键人对项目的影响程度

关键人对项目的影响程度可以从两个维度进行分析：一个是根据关键人的不同角色，从其对项目的影响是业务影响、技术影响还是经济影响去分析；另一个维度是从关键人对项目影响程度的高低去分析。

3. 关键人的"赢"

关键人的"赢"指的是关键人的个人利益和想要达成的业务结果，也就是关键人想通过项目得到什么、避免什么、改变什么。

关键人的"赢"是一个非常广泛的概念，不能将其局限在一个狭隘的经济利益中。

4. 关键人对供应商的支持力度

关键人对供应商的支持力度可以从客户关键人的沟通态度和频

率、方案参与程度、所持立场以及其在组织内部的影响力这 4 个维度去分析。

这些分析维度给我们提供了一个很好的分析工具，便于我们在销售工作中尤其是针对关键人的工作做到有据可依。

四、关键人的个人利益具备哪些特征

前文中我们提到了关键人的"赢"，即个人利益和业务结果。在本小节我们将重点讨论：什么是关键人的个人利益以及其具备哪些特征。

关键人的个人利益是指能够令关键人产生购买决定的源动力，一般会具备以下 5 个特征。

① 个人利益必须属于个人行为，是个人想法并且是极端利己的。

② 个人利益是关键人不能公开说出来的，销售只能通过深入挖掘和探寻获得。

③ 个人利益产生的根源是人性中的贪婪和恐惧，简单讲就是：想得到没有的和害怕失去已有的。

④ 个人利益是隐藏在业务结果下面的，只有了解了关键人所期待的业务结果才能明白关键人的个人利益。

⑤ 个人利益是关键人的真正购买动机。

销售人员只有在销售过程中挖掘出关键人的个人利益，才能知道关键人的真正购买动机，从而在项目竞争中获得竞争优势。

五、不同关键人的关注点是什么

在第二章我们讨论过，不局限在 B2B 销售，从大类上分，客户关键人所扮演的角色大体可分为决策人、业务把关者、技术把关者这 3 种。那么，不同关键人的关注点都是什么？

一般来说，关键人会关注两个层面的东西，即公司层面和个人层面。公司层面由于和具体业务有关，我们可以称为业务结果；个人层面，我们称为个人利益。

这里我们重点讨论一下不同关键人到底关注哪些业务结果。

1. 决策人关注的业务结果

① 投资回报。决策人最关心的是花的钱可以办多少事，也就是投入产出比，决策人要算一笔账，看投入是否划算，这是决策人首先要考虑的。

② 开源节流。这是决策人在自己的经营职责范围内每天都会思考的问题，也就是如何增加销售收入和降低成本。

③ 企业能力。这个业务结果主要体现在决策人对企业运营能力的思考。这里面包括盈利能力、生产力和效率、现金造血能力、应变能力等。

总归一句话：决策人关注的业务结果是赚钱和省钱，以及企业的经营能力和运营能力得到提升。

2. 业务把关者关注的业务结果

首先，每个业务把关者都很关注自己能否轻松地完成工作，而不是给自己增加工作量。

其次，所谓轻松地完成工作，其潜在含义是：一方面要提升自己的技能；另一方面要提高自己的工作效率。

最后，如果业务把关者能够借助工具提高工作效率，那么他还会关注供应商的服务如何，工具是否易于学习和掌握以及是否更稳定和可靠。

3. 技术把关者关注的业务结果

作为技术把关者，他们首先要考虑的是使用风险，所以技术把关者在关注技术实现方案的基础上还要关注产品或服务是否能满足各种规范和要求。例如，交付时间、是否符合法律法规、满足商务条款等。

从业务结果上说，决策人关注的是效益，业务把关者关注的是效率，技术把关者关注的是风险。

六、为什么在大项目销售中内线和教练缺一不可

客户越大项目越大，我们碰到的各种关键人的机会也就越多，前文中我们了解到 B2B 销售过程中会遇到的 6 类关键人。

在这 6 类关键人当中，做好其中两类关键人的及时发现、挖掘、争取工作，对项目（尤其是大项目）的成败有着至关重要的作用。这两类关键人就是我们这里要重点讲的教练和内线。

很多销售人员甚至是销售管理者，都不明白内线和教练有什么不同，甚至将这二者混为一谈。所以接下来，让我们一起了解一下教练和内线的不同之处，看看他们分别有哪些作用。

1. 教练

教练有以下 3 个作用。

① 协助销售一起分析项目形势。教练一般会定期协助销售做项目分析，比如：目前的竞争态势如何？我们在项目中的优劣势如何？客户关键人的倾向性如何？

② 指导销售赢得订单，教练是内心深处希望销售赢单的人。这一点非常关键。

③ 关键时刻会挺身而出，极力帮助销售。这会涉及另一个问

题：教练到底是谁？我们说教练有可能是业务把关者或者是技术把关者，甚至有可能是影响者或者决策者。

2. 内线

内线的作用，简单讲就是给我们提供与项目有关的各种信息，帮助我们对项目进展作出准确的判断和制定正确的策略。在大项目的打单过程中内线可能不止一个人，销售应特别注意防止出现双重内线或者假内线，销售须对源自内线的重要信息进行双向印证。

我们在打单过程中关于内线要重点关注以下 4 个问题。

第一，不要让内线过早暴露。

第二，不要让内线做超出其能力范围的事。

第三，不要把内线当教练使用。

第四，不要指望内线绝对忠诚。

第三节　客户决策

在大客户销售中，客户都会有自己的决策流程。所谓客户的决策流程，就是客户决定购买的流程，是客户整个采购流程的一部分。本节将介绍：大客户销售为什么要三"流"合一；客户是如何决策的；采购标准和决策标准的异同；销售如何弱化己方无法达到的决策标准；大客户销售中客户的"采购四论"；最终影响客户决策的 8 大因素共 6 个部分的内容。

一、大客户销售为什么要三"流"合一

在大客户销售的整个过程中有 3 个流程，分别是客户的采购流程、供应商的销售流程以及客户的决策流程。销售只有做到对 3 个流程中的各个步骤理解透彻才能更好地去控制项目，拿到订单。

下面我们分别介绍一下这 3 个流程。

流程一：客户的采购流程。

客户采购流程的大体步骤：发现问题；需求的提出、可行性研究；确立预算、立项；成立采购小组、建立采购标准、考察供应商、组织招标、确定首选供应商、组织商务谈判；签约。

流程二：供应商的销售流程。

供应商销售流程的大体步骤：参与客户立项或者确认项目立项；初次拜访；需求调研；方案设计展示；组织案例客户或者公司参观；参与投标；进行合同谈判；签约成交等。

流程三：客户的决策流程。

简单来说，客户的决策流程，就是项目中的各种角色在项目组织中的汇报关系，比如，需求由谁来提出，提出后要向谁汇报，谁负责预算的审批，最后由谁来决策拍板等。

那么，作为大客户销售人员的我们，在整个流程中应该做些什么呢？

① 销售流程要和客户采购流程相匹配。

比如在客户的项目立项阶段，销售需要做的事情是协助客户写立项报告，建立采购标准。也就是，销售流程中的关键销售动作一定要能够匹配客户在采购流程中重点关注的内容。

② 销售流程要和客户的决策流程相匹配。

比如客户立项报告完成后需要决策人审批，那么销售人员就应立即意识到，该步骤之后，应该安排高层拜访。也就是说，销售人员要了解项目中项目的审批、预算、立项都分别在客户决策流程中的哪个环节流动，要找出与该环节对应的关键人去做沟通以及商务方面的工作。

所以，销售在项目推进过程中要做到三"流"合一，才能更好地控制项目的推进节奏并赢得关键人支持，最终赢得订单。

二、客户是如何决策的

销售人员若不清楚客户决策流程的各步骤，在销售工作中就会多做很多无用功，当然也可能会丢单。那么，客户的决策流程都包括哪些内容？销售应该怎么做呢？

我们从以下 4 个方面了解一下客户针对某个项目的决策流程情况。

第一，决策流程复杂程度受哪些因素影响。

① 企业在采购中要讲究"三权"分离，即客户的采购权、定价权、监督权既要彼此分开、独立又要相互制约，这也就决定了企业的决策流程比较复杂。

② 项目的业务覆盖程度也决定了决策流程的复杂程度，比如，若该项目只涉及单个部门，其决策流程就会相对简单；但如果涉及多个部门，决策流程就会相对复杂。

③ 预算费用的多少也会决定项目决策流程的复杂程度，比如，预算在什么范围内由主管副总审批，超过该范围须由总经理审批。

④ 企业管理中集权和分权的关系也会造成决策流程的复杂或简单，比如有的企业老板喜欢大小事都由自己拍板决定。

第二，决策流程包含哪些内容。

① 汇报流程。项目的汇报流程和项目节点有着紧密联系，其中

包括可研（可行性研究）汇报、立项汇报、需求论证、方案评比、商务评比、中标等，这种汇报叫阶段汇报；另外还有总结汇报，此处我们先略过。

② 汇报关系。是项目中谁向谁汇报的关系。汇报关系分为一对一汇报和联合汇报。

第三，针对项目的决策依据有哪些。

项目中主要的决策依据有需求满足、价格合适、风险可控。

① 需求满足是决策依据的首要条件。需求满足可分为业务满足和技术满足等。

② 价格合适是指采购价格在预算范围内，尽量少花钱办好事，但客户对品质同样很看重，也知道不合理的价格必然会造成项目存在风险和服务打折扣。

③ 风险可控是决策依据中最为关键的一项内容。项目若存在风险不可控的情况，往小了说，项目失败会造成经济损失，需要有人为此承担责任；往大了说，项目的风险不可控有可能会让整个公司出现波动。

第四，决策的形式有哪些。

① 联合汇报。这种形式是需求部门和技术部门的负责人一起向项目最高决策人汇报并进行决策。

② 上会并最终形成决策结果。这是大企业的大项目最常见的一种决策形式。会上由项目负责人把招（投）标结果做正式的汇报，最后在会上形成决策结果。

三、采购标准和决策标准的异同

有销售朋友问，B2B 销售中客户的采购标准就是其决策标准吗？

这个问题非常好。在以前的销售知识中，确实也没有哪个销售流派把采购标准和决策标准做过严格的区分，所以很多销售觉得客户的采购标准就是决策标准。那么，二者真的是一回事吗？让我们接着往下看。

首先，我们要承认，采购标准和决策标准都是一种对项目的认知。所以，它们应有相同点，也有不同点。相同点是二者都是因项目而产生；不同点是采购标准是以项目需求为出发点，而决策标准是以项目风险为出发点。另外，采购标准多是针对项目本身，而决策标准更多的是体现了关键人对风险的一种认知。

其次，我们再看一下采购标准和决策标准大体都各包含哪些内容。

① 采购标准。一般情况下，采购标准会涉及业务标准和技术标准。当然，有时候也会有品牌的标准。

所谓业务标准，就是为了满足客户的业务需求而对供应商提出符合业务需求的要求；而技术标准，一方面要符合客户技术路线的要求，另一方面还要满足客户某些特殊应用的技术要求。

② 决策标准。决策标准中包含的内容一般是为了规避项目风险所要考虑的要素。这些要素有很多，因为关键人的认知不同，所以决策标准也不同，案例、人员、品牌、资质、价格、服务等都属于决策标准里的要素。一般客户组织内部会对决策标准形成统一的认识，也就是经过内部讨论后确定出本次采购的决策标准。

最后，我们讨论一下针对客户的这两类标准，销售的工作重点应放在哪里？

采购标准的形成一般是从项目的提出开始，经过可行调研、需求论证，一直到项目的立项阶段最终成形，也就是说采购标准是在项目的前期产生的。所以，销售在客户需求酝酿阶段，就应该利用自己的销售动作去影响客户的采购标准，从而让客户的采购标准更趋同于己方的产品或方案。

决策标准的形成一般是在方案甄选阶段或商务阶段。决策标准体现的是客户关键人为了规避项目风险，重点关注的一些关键因素。

销售高手要做到，不仅能影响客户的采购标准，还要能影响甚至改变客户关键人的决策标准。

四、销售如何弱化己方无法达到的决策标准

项目推进到了选择评估阶段，如果客户的决策标准对己方不利，销售应该做哪些工作呢？

首先，我们应该了解客户在选择评估阶段中所经历的几个子阶段。

① 第一个子阶段：客户评估决策要素。因为要素是客户判定备选方案的标准。

② 第二个子阶段：区别这些要素的重要性，并对这些要素进行重要程度排序，进而形成决策评估标准。

③ 第三个子阶段：利用评估标准判定首选及备选方案。

其次，我们应该明确销售在不同阶段的工作目标。

① 在评估决策要素阶段，发现现有的决策要素，并建议补充其他适当的要素。所谓"适当"，就是己方独有的以及和客户需求有关的优势要素，从而协助客户"完善"决策要素。

② 在形成决策评估标准阶段，销售工作的目标是强调能够达到的标准的重要性，并且弱化达不到的标准的重要性。

③ 在判定方案阶段，陈述己方的产品及方案如何满足标准，并且基于决策依据，指出己方和竞争对手的区别。

最后，我们谈一下如何弱化己方无法达到的标准，有4种方法。

① 超越。比如客户认为决策要素中的售后服务是排第三位的要素，第一位和第二位分别是质量和价格。那你就要想办法让售后服务超越已有的第一位的质量和第二位的价格，变成第一位至少是第二位的要素。

② 拆解。不要回避客户提出的某个重要标准，要学会拆解。比如客户要求路由器要达到"高稳定"这一标准，我们可以将该标准拆解成"高稳定 = 产品稳定 + 线路备份 + 备机"，以便突出我们在等式右侧三项中某一项或某几项的优势。

③ 增加附加值。比如，增加价格谈判中的超出客户预期的优惠政策或者服务，从而弱化客户在价格方面的标准。切记：增加的附加值一定是客户比较在乎的、对决策有一定影响力的附加值。

④ 创造可替代方案。这是弱化己方无法达到的标准的最后一招，它需要销售拥有想象力和创造力。

五、大客户销售中客户的"采购四论"

客户为什么会采购？客户又是在什么情况下产生采购行为？产生采购行为的根源到底是什么？

在销售领域大概分为 4 种观点，也就是"采购四论"。

（一）需求论

可以这样说，客户有需求才能有采购，需求是采购的基础。评价一个销售机会，客户的需求是一个非常重要的关键指标，很多销售对客户采购的判定多数源于此。

另外，从需求的角度说，客户的需求一定是刚性需求，只有刚性需求才会带来更多的采购机会。

（二）痛苦论

有这样一种观点：作为销售人员，你要找到客户的痛点，找到痛点以后你要想办法扩大客户的痛苦，在客户感觉到痛苦不能承受时，客户就会下定决心采购。

持这种观点的销售认为，需求是表面的，只有痛苦才是真的，客户光有需求还不行，客户只有感觉到痛苦了，才能产生采购。该观点培育出了多种销售提问技术，比如 SPIN、九宫格等。

（三）影响论

持影响论观点的人认为：客户有需求、有痛点还不足以让客户发生采购行为，客户最后购买的决定源于需求无法满足造成的影响，并且影响范围越大，客户发生采购行为的概率就会越大。这样的影响包括对工作效率的影响、对绩效考核的影响、对职业发展的影响，以及由这些影响给自己带来的其他诸多更深层次的影响。

（四）价值论

这种观点认为，所有的购买决定最后都要回归本源，也就是供应商要给客户带来价值，只有客户感觉到有价值，客户才会产生购买。

所谓"价值"，一方面是付出减去成本后所带来的收益，另一方面是由这次采购而衍生出的无形价值，比如效率提高、积极性增加、文化的促进等。

到底哪种观点更适合你呢？需要销售人员结合产品或服务的实际情况具体分析。

六、最终影响客户决策的 8 大因素

前文中曾提及，B2B 销售特别是在大项目销售中，客户的采购行为属于理性分析、感性决策。那么究竟是哪些因素最终影响客户决策呢?

我们可以参考以下 8 大因素,这些因素都会对客户的决策产生关键性影响。

1. 价格

价格永远是影响客户最终决策的关键因素之一。客户看价格最初的感觉是贵不贵,客户看不到价值,你提供给客户什么价格他都会认为贵。所以,销售的主要工作,前期是为客户解决值不值的问题,后期才是解决贵不贵的问题。

2. 品牌

品牌的影响力是全方位的,这一点毋庸置疑。品牌代表了质量、信誉、身份。其实,品牌最关键的作用是影响客户的心理定位;在大项目销售中,对客户来说,品牌还代表了风险的降低。

3. 时间

不同的项目,其采购决策的类型也不一样,具体可以分成时间敏感决策和知识敏感决策。时间敏感决策更看重的是速度,其次才是质量;而知识敏感决策正好相反,看重质量甚于看重速度。

4. 行业标准

客户在缺少类似的采购决策经验时,行业标准是客户唯一可以参考的内容。

5. 过去的采购经验

过去的采购经验意味着可帮助后续决策降低风险。以往供应商的产品、方案、与其他客户的关系、价格都会影响客户关键人作出决策。

6. 产品及方案能力

供应商提供产品及方案的能力能否打动客户关键人，关键在于其对客户需求的满足程度。满足客户需求对于销售人员而言永远是第一位的。

7. 服务

在服务至上的今天，快速帮客户解决问题、注重服务体验永远是客户需要的。对供应商而言，服务既是能力也是生产力。

8. 客户关系

有些时候客户在应用产品及服务后会给出自己的评价，这些评价多多少少会对同行业产生些影响。所以说，良好的客户关系对销售的打单过程而言，会起到事半功倍的作用。

以上列出的影响客户决策的 8 大因素，只是其中一些主要的因素，当然还会有关键人压力、增值、运营等其他因素，我们先暂且不谈。

第四节　面对竞争

竞争，是销售永远离不开的话题，那么如何面对竞争？如何在竞争中获得优势？本节将重点介绍销售打单中关于竞争的知识点，具体包含：大客户销售竞争形势分析；如何有效地屏蔽竞争对手；

建立采购标准；客户的项目已经进展到马上和竞争对手谈商务了，如何翻盘；客户关键人已经被竞争对手影响，3 种策略帮助你重建优势；客户注重品牌的情况下销售如何赢单；客户总强调竞品优势怎么办；大客户销售赢单分析模型共 8 个方面的内容。

一、大客户销售竞争形势分析

销售在自我检视过程中经常会被销售管理者问及，这个单子怎么样、这个单子有多大把握。而大多数销售会过于乐观地评价项目形势，因为他们认为"信心"更重要。

那么，销售该如何客观地分析项目的竞争形式呢？下面的方法可以让大家参考并借鉴。

（一）项目分析的 4 个关键因素

1. 项目所处的阶段

项目在推进过程中所处的阶段不同，客户关注点也是不同的。比如，在大项目的推进过程中有立项阶段、考察供应商阶段、招（投）标阶段。在立项阶段，客户关注的是预算、时间周期等因素；而在考察供应商阶段，客户会对销售对于需求的理解以及提供的解决方案特别关注；最后在招（投）标阶段，又会对项目提供的服务、可控风险特别关注。

2. 关键人

不同的关键人对于"赢"的认知各不相同，对项目需求的看法也不相同，对供应商的支持程度同样也不一样。销售就是要对所有与项目有关的关键人的看法作出评价，以便更好地分析竞争形式，制定竞争策略。

3. 竞品及竞争对手

重点要分析竞品的差异化优势在哪里以及竞争对手获得客户关键人的支持情况。

4. 客户需求

客户的需求随着项目的进展会有变化，客户需求发生变化一般是受竞争对手的影响所致。

综上所述，所谓的竞争形势分析，就是要在明确目前的项目阶段及发现客户需求变化后，分析关键人对项目需求的关注度以及对供应商的支持程度，从而得知己方目前所处的形势。

（二）项目竞争形势的 4 种状态

1. 唯一竞争优势

唯一竞争优势有时也叫垄断优势，也就是项目中只有己方这一家供应商在做销售推进工作，后期进入的供应商只是配合走流程或者是陪标。

2. 优势

优势即指和竞争对手比，己方有非常明显的竞争优势。

3. 平手

平手即指己方和其他竞争对手旗鼓相当。

4. 劣势

劣势即指目前的竞争形势已经对己方非常不利。

明白了目前己方所处的竞争形势，有助于快速制定竞争策略，从而获得竞争优势。

二、如何有效地屏蔽竞争对手

最理想的市场是没有竞争的市场，而在生产过剩、同质化越来越严重的时代，没有竞争的市场只在理论上存在。既然有竞争，那么我们就会面对一个问题：销售如何面对竞争、如何获得竞争优势？

销售在与客户的沟通过程中如何有效屏蔽竞争对手，是销售核心能力的一个重要体现。

与客户的沟通过程中，销售用以屏蔽竞争对手的方法有以下几种，下面我们分别介绍一下。

第一，按照客户采购流程的步骤，给客户提供3种解决方案。

这不只是满足客户采购流程的需要，还是有效屏蔽竞争对手方法。我们用以下案例进行说明。

客户准备采购一套软件。目前客户只是有一个初步想法，具体的要求、预算都不明确。作为销售人员的你，今天正好和客户聊到预算方面的问题。在这种情况下你可以说："客户的费用预算评估除了客户需求、市场情况外，还有一个很重要的关键因素，就是部署方式。不同的部署方式会造成客户的预算投入也不同，比如，云部署、私有云部署和本地部署。"在谈3种部署方案的时候你就可以加入屏蔽对手的销售动作。

第二，向客户提合理化建议。

销售可以这样说："目前，不同数据分析厂家的系统采集数据方式可分为有埋点和无埋点。针对您目前的多站点、数据庞大、应用多的情况，使用无埋点这种比较流行的方式会比较麻烦。首先，无埋点不是真正意义的无埋点，在现场施工过程中也会做埋点。其次，无埋点会抓取到很多无用信息和数据，进而影响资源和效能。所以说，如果一定要选无埋点的方案就一定要注意杂乱数据的处理能力。"

第三，为客户分析采购风险。

在为客户分析采购风险的时候有两个关键点，一个叫"有理有据"，一个叫"设身处地"。

所谓"有理有据"，是指销售一定要拿出具体的例证来证明自己的观点，最好是有案例，有数据分析，比如某权威或者专家使用过的典型实例。所谓"设身处地"，指一定要从客户实际需求出发，结合具体情况，分析风险的存在概率和存在环节。

上述几种方法，在有效屏蔽竞争对手方面，效果都十分明显，但无论采用哪一种方法都需要站在客户的角度去思考和分析才能取得良好的效果。

三、建立采购标准

销售在与客户沟通过程中还有一项非常重要的工作要做：帮客户建立采购标准。

通常，在销售过程中，客户的采购标准很难由客户自己建立，一般都是在自己内部讨论的基础上，加上采纳外部专家或者供应商的建议而形成。那么，对于销售来讲，只有参与到帮客户建立采购标准，己方的产品和服务才能更好地匹配客户的采购需求，满足客户的采购动机，建立起初步竞争优势。

那么，什么是采购标准呢？简单讲，采购标准是为了完成和保障采购目标顺利达成的具体要求和措施。采购标准就是要明确说明什么是最好的采购标的物（商品）以及它有什么条件和特征。

举例：客户要采购一套软件，客户有 10 万人都要应用这个软件。此时客户的采购标准是：标的物首先应具备满足高并发应用的能力；其次是具备满足业务需求的能力；最后是服务体系要完整以及具备驻厂服务。这 3 项能力能够被该标的物满足，客户就认为这是好的标的物。

1. 为什么要帮客户建立采购标准

① 首先，帮助客户建立采购标准会给竞品设置进入障碍，让己方的成单率更高。

② 其次，帮助客户建立采购标准更容易引导客户思路，从而形成己方的竞争优势。

2. 客户的采购标准包括哪几个方面

客户采购标准的建立不是一蹴而就的，因为客户对此的认知有一个从模糊到逐步清晰的过程，最开始体现为对产品的要求，慢慢会扩大到对人员、服务、甲方建议、资质等其他方面的要求。

（1）对供应商的产品功能及性能的要求。

对产品的要求，最直观的表现体现在两个方面：第一是对产品功能的要求；第二是对产品性能的要求，甚至详细到对性能指标的要求。

（2）对供应商方面人员的要求。

对人员的要求，首先是对人员工作经验、经历的要求，详细到可以对人员的学历、能力、背景等方面做出具体要求。

（3）对供应商服务的要求。

对服务的要求，包括响应时间、人员经验、服务模式、服务价格等方面的具体要求，比如，时间响应 7×24 小时、要求人员驻场服务等。

（4）对供应商提供可参考案例的要求。

对可参考案例的要求可能会有以下几种：同行业案例、同规模案例、同区域案例、有管理特色的案例。案例的形式会有很多种，就看销售人员如何去引导客户。

（5）对供应商所提供的整体解决方案的要求。

对供应商所提供的整体解决方案的要求：包括对技术方面的要求；也包括一些对商务方案的要求，这些要求的提出者一般是一些大公司或者采购风格很强势的客户。

（6）对供应商针对甲方（客户）提建议的要求。

有的客户，希望供应商在产品或者项目实施过程中，能够对客户自身提出合理化建议，比如高层挂帅、人员配合、管理配套、硬件要求等。

（7）对涉及客户原有供应商配合的要求。

有的项目要求客户的原有供应商要给予配合和支持，比如数据对接、咨询方案指导等。

（8）对供应商自身资质的要求。

有的项目会对供应商本身提出一些具体要求，比如 ISO 9000 质量认证、各种专业资质等。

3. 销售人员帮助供应商建立采购标准的原则

（1）排序原则。

所谓排序原则，就是销售人员在帮助供应商建立采购标准或者为其提合理化建议时候，一定要把采购标准分成刚性要求、一般要求、建议要求。

（2）差异化原则。

销售帮助客户建立的采购标准中的刚性要求一定是自己能够满足的具有差异化优势的要求。

（3）设置障碍原则。

销售人员在帮助客户建立采购标准的过程中，一定要给竞争对手设置障碍。因为销售在打单中，这个防御工作自己不去做，竞争对手也会去做。

（4）非同原则。

客户关键人可能不只是一个人，因为对该项目的认识不一样，所以销售在帮助客户建立采购标准时要区别对待。

（5）非局限性原则。

该原则的含义是指：采购标准不仅指的是产品层面的，还有很多其他层面的内容，这样销售会有更大的施展空间。

4. 怎样帮助客户建立采购标准

① 首先，帮客户去梳理，比如哪些标准是硬性标准，哪些是关键标准，哪些是软性标准。

② 其次，硬性标准和关键标准一定要朝己方具备的独特优势靠拢。

③ 最后，如果客户的现有采购标准已经有竞争对手植入的痕迹，我们就要去努力改变和调整，将这些痕迹抹除。

四、客户的项目已经进展到马上和竞争对手谈商务了，如何翻盘

在我们看到过的销售案例中，经常会看到销售高手在项目的最

后阶段反败为胜、力挽狂澜。那么现实中有没有这样的事情呢？不能说没有，但很少。

在 B2B 销售过程中，信任的建立是需要通过销售的关键动作去积累的。客户在最后决策中选择你，不仅是对你有信任，最关键的一个原因是：和你合作风险最低。

那么，项目进展到最后的商务阶段，如果没有竞争优势，是否还有翻盘机会呢？

这个翻盘机会，一般存在于最终决策人的层面。如果销售判断该项目确实对己方公司影响巨大，那么就放手一搏吧。

（一）找谁谈

项目若已经进展到最后的商务阶段，只有去找该项目的实际最终决策人去谈，因为此时再找其他关键人沟通的意义已经不是很大了，所以销售要把近期所有的时间、精力、资源都用到该最终决策人身上。

（二）谈什么

销售在找到最终决策人后应重点与对方谈组织风险和个人风险。如果最终决策人是老板，重点是谈组织风险，因为企业是由他做主。如果最终决策人不是老板，就重点谈个人风险，辅助谈组织风险。

（三）怎么谈

组织风险包括财务风险、文化风险、市场风险、战略风险等。客户老板最关心的风险都在其中。和客户老板谈组织风险，需要销售人员有足够的专业功底和气场。

个人风险主要体现为职业影响和组织风险。在 B2B 销售中，大项目的最终决策人一般是副总级别，他们更看重的是组织风险；如果是小型项目，项目最终决策人一般是部门经理，他们则更看重自身的职业发展，要尽量确保该项目不会对自己的职业发展造成影响。

（四）谁去谈

在己方的销售团队中有两个角色有资格去谈，一个是我们的技术总监，一个是我们的技术专家。到底是技术总监去谈还是技术专家去谈，需要销售人员自行了解、分析和判断。

注意事项：只能一对一去谈，不能多对一去谈。说白了，这就是高手之间的对决。

五、客户关键人已经被竞争对手影响，3 种策略帮助你重建优势

销售在打单过程中经常会发现，客户的某些关键人已经被竞争对手影响，并且已认可了竞争对手协助自己建立采购标准。那么，在这种情况下销售应使用的策略有哪些呢？

经过实践，我们总结了以下 3 种策略，希望能助销售扭转不利局面并重新获得竞争优势。

1. 优势剥离

竞品品牌优势的剥离就是采用的优势剥离策略。所谓优势剥离策略，就是在竞争过程中把竞争对手具有的软优势进行剥离之后再进行对比的策略，也就是销售要引导客户关键人把主要考虑的采购因素转移到己方具有的竞争优势上来。品牌优势、文化优势、体量优势等都可以称为软优势。

2. 优势放大

所谓优势放大，即指客户关键人一旦注意到我方产品的主要优势，我方就要利用掌握的专业知识，让客户关键人对我们产品的优势有更深入的了解，进而产生信任。

实现优势剥离以后，我们和竞争对手应该对比的是硬优势，比如技术的先进性、业务的深入程度等。

3. 优势独具

优势独具，即指我们通过优势放大取得客户信任以后，就要去做和竞争对手的分析比较工作，让客户关键人对己方的优势从信任转化到依赖，并让客户明白我们产品和服务的优势具有不可替代性。

优势独具的实质就是一直引导客户到最后：让客户从信任到认可。

这里要注意的是，不能一上来就和客户讲竞品的劣势，而是要从客户的需求上去引导客户，使其对我们逐步从信任过渡到依赖。

另外，这3种策略有时可以单独使用；有时可以采用递进的方式将3种一起使用，即在复杂的项目及竞争形势中，可以先采用优势剥离，再采用优势放大，最后运用优势独具。

真正的销售高手，就是能够把专业、技巧、策略这三者有效地结合起来运用，深度影响和改变关键人或者最终决策人的认知。

六、客户注重品牌的情况下销售如何赢单

在B2B销售中，销售经常会碰到这样的情况：客户在考察供应商时非常看重品牌，甚至把品牌看成第一选择要素。那么，在这种情况下，销售应如何赢单？

首先，我们分析一下，客户为什么会看重品牌产品或者品牌供应商。

① 身份匹配。这个理由很充分。在消费层级人群划分中，每个消费层级都会有自己的品牌喜好，品牌即代表一定的消费能力。

② 降低风险。因为品牌意味着价格不菲，而在绝大部分客户的消费观念中，贵的必然是好的，俗话说"一分钱一分货"就是这个道理。

③ 减少责任。在很多大客户销售的业务中，选择意味着责任。品牌产品意味着质量有一定的保障。

那么，在这种情况下，销售应如何调整策略，以增大赢单的概率呢？

① 增强体验感。增强产品的体验感有两种方法：第一，安排产品体验时模拟客户实际的应用场景；第二，选择同行业案例，用案例结合产品增强客户体验感。

② 品牌剥离。在商务价格上，把客户为竞品的品牌付出价格进行剥离，用剥离后的价格和己方价格做比较。这里有个技巧可以应用：如果己方产品和竞品比较功能时相同或近似，己方产品价格要低于竞品品牌剥离后的价格；如果己方产品价格高于竞品品牌剥离后的价格，己方产品一定要有增值功能，并且价格只能略高一点。

③ 增加价值。这里说的"增加价值"就是除去产品本身价值以外，增加的产品附加价值和引申价值，可以让这些价值去影响和改变客户以前的选择标准。

七、客户总强调竞品优势怎么办

在这种情况下，就看竞争对手对客户的影响有多深了，根据影响程度的不同来寻找相应的破解办法。

客户被竞争对手的影响一般分为以下 3 个阶段。

1. 认可竞品

这个阶段属于客户通过和竞争对手沟通，已经认可竞品的某些功能或者是竞争对手的其他优势。"优势"可以是规模、品牌、服务、案例等。

你会发现在这个阶段客户虽然能说出竞品的优势，但说得不细致，是比较模糊的。这就说明客户被竞品影响的程度并不深。此时你需要尽快了解客户需求，呈现己方的差异化优势。

2. 被竞争对手深度影响

这个阶段，你会发现客户能非常细致地说出竞品的具体优势。一旦出现这样的信号就危险了，再谈己方产品的差异化优势已用处不大。在这种情况下销售可以从高处和深处引导客户，谈谈销售和己方对这个行业发展的专业性理解，例如：

"近两三年我们这个行业的发展趋势有 3 个，分别是……"，然后，再去改变客户已有的认知，这叫从高处谈。

也可以从对行业的整体思考出发，例如：

"我们在这个行业做了很多客户，我们发现产品要想应用成功，必须要做轻咨询和深服务……"

一定要说到客户想不到的地方，这叫从深处谈。

3. 被竞争对手基本敲定

这个阶段，你会发现客户和你一点儿沟通的兴趣都没有，更有甚者有的客户会表现出不耐烦的态度。这种情况说明，该项目多半是被竞争对手敲定了。

多数销售人员在这个阶段就放弃了，认为没有办法再推进了。其实还有一个办法可以试试，即改变客户的采购目标。也就是说，通过和客户更高层领导或者其他部门的沟通，通过增加或者减少客户需求来改变客户这次的采购目标，以此来减少或者削弱当前客户关键人对于这次采购的影响力。

八、大客户销售赢单分析模型

在大客户销售中，销售最难判断的就是这个项目是否能赢下来，前期的投入值不值得。传统的漏斗统计方法缺乏合理的赢单分析模型，多数情况下只能靠经验设置漏斗不同阶段的赢单率百分比来进行判断。偏产品型的销售的确可以依靠经验来设置，但是在复杂的项目型销售或者大客户销售中，很难靠经验去设置不同阶段的赢单率百分比。

在大客户销售中有两种最常用的赢单分析模型：一种是139控单分析模型（见下表）；另一种是解决方案销售的成功公式PPVVC（痛苦 Pain × 权力 Power × 构想 Vision × 价值 Value × 控制 Control= 销售成功公式）。这两种分析模型都可以作为赢单分析模型的工具来应用。根据不同行业，可以选择不同的模型去分析。

（一）139 控单分析模型

C139 控单分析模型

C	和教练确定 C139 各项内容，准确地获得 C139 信息
1	最高决策者已经选定我们（注：即指供应商一方，下同）或者主动帮助我们策划、实施项目的获取过程
3	决策人和关键人都认为我们价值匹配程度高（产品及服务最为适合）
	关键人主动协助我们消除获得订单障碍
	多数关键人已经倾向于我们
9	客户针对本项目的采购流程和关键节点

续表

9	我们针对本项目的销售流程和关键节点的匹配程度
	客户关键人及决策人一致认可的采购标准
	关键人及决策人的定位、影响力度、倾向性
	项目的立项原因及关键人和决策人对项目的认知
	客户预算、资金来源、付款习惯及信誉
	竞品在此项目中可用的资源及作用
	竞品的优劣势分析以及客户认可的供应商的优劣势分析
	关键成功要素的前三项变化情况

关于 139 控单分析模型的解释如下，为了方便大家理解，我们倒着来看。

① 9 个必清事项（后简称为 9C，C 为 Clear—必清事项）。这 9 个必清事项共分为 3 大类。

第一类必清事项是对于自身的了解。主要指供应商的销售流程和关键节点的匹配程度，供应商既要参考同类项目，也要了解本项目的实际情况。以便销售人员更好地制订销售计划，把握整个销售项目的节奏。

第二类必清事项是关于客户的信息。包括客户针对本项目所制定的采购流程和关键节点；客户的组织结构和主要成员的共鸣点；客户对于该项目的决策结构以及结构中关键人的影响力、定位和倾向等；客户针对此项目立项的原因以及决策结构中每个人的决策点；最后还有客户付款的信誉、付款习惯以及项目资金来源和到位情况。

第三类必清事项是从竞争层面着眼，对项目竞争对手和竞争形势的了解和把握。其中包括各竞争对手在项目推进过程中可利用的资源及作用；各竞争对手的推进活动和他们各自的优劣势，以及在客户心目中他们的优劣势；最后还有对该项目关键成功因素的认知，以及其中最重要的 3 个因素的变化情况。

② 3 个趋赢力标杆（后简称为 3F，每一个标杆为 1F，F 为 First—趋赢力）。

一是客户的最高决策者及决策结构中关键人均认为我们（即指供应商）价值匹配度最高，即客户决策层均认为我们的产品及服务最为适合。

二是决策结构中的关键人主动协助我们策划、实施项目获取过程。

三是决策结构中的多数关键人选定我们。

③ 1 个决定力指标（后简称为 1W，W 为 Win—决定力）。

客户组织内最高决策者的态度对项目的成败有着决定性的影响。C139 控单分析模型把客户最高决策者的态度作为一个单独的指标——决定力指标，它是指决策者选定我们，或主动协助我们策划、实施项目的获取过程。

虽然 1W 决定力是群决策中权重最大的要素，但 1W 的取得要靠 3F 和 9C 来促成。当 2F 或 3F 成立时，1W 绝大多数时候也会成立；而 9C 则作为 3F 和 1W 的信息决策支持而存在。

C——来自教练的评分（C 为 Confirm—指标测评）。

有了对 C 值、F 值和 W 值的把握，销售人员对于大型项目进度的把握会更为准确，但由于不同的销售人员其判断标准不同，他们从客户处获得的信息也不同，致使销售人员自己得出的 C139 值有可能严重失真。

熟悉内情的教练可以从特定的角度和目的出发，指导销售人员采取正确的行动和方法，同时帮助销售人员校准 C139 值。

通过判断 C139 控单分析模型中每个要素的状态，可以得出一个项目的 C139 值。该 C139 值由销售人员和教练共同讨论完成，但最终值由销售人员和一线销售主管沟通分析后确定。

（二）销售成功公式：PPVVC

解决方案销售提供的销售成功公式，可以从痛苦刻度（P）、权力刻度（P）、构想刻度（V）、价值刻度（V）、控制刻度（C）五个维度和 50 个细分项对订单或者项目进行评测（见下表）。

销售成功公式评测表

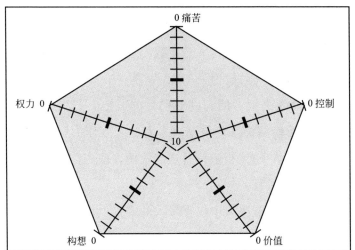

客户名称：
————

控制力度
————

更新日期：

等级	权力刻度（P）	等级	痛苦刻度（P）
0	没有找到权力支持者	0	客户没有识别到需求或痛苦
1	支持者对决策流程进行了说明	1	销售猜测支持者的需求
2	找到可能的权力支持者	2	支持者承认需求
3	支持者同意与权力支持者取得接触	3	支持者承认原因／痛苦的表现
4	接触到了权力支持者	4	支持者承认痛苦
5	购买和决策流程已确定	5	支持者认可了销售书面记录的痛苦
6	权力支持者同意进一步探索	6	销售猜测权力支持者的需求
7	权力支持者同意联合工作计划内容	7	权力支持者承认需求
8	权力支持者同意了建议书的内容	8	权力支持者承认原因／痛苦的表现
9	权力支持者口头批准	9	权力支持者承认痛苦
10	权力支持者批准	10	权力支持者认可销售书面记录的痛苦

续表

等级	构想刻度（V）	等级	价值刻度（V）	等级	控制刻度（C）
0	尚未建立构想	0	客户还没有看到价值	0	没有针对客户对话的跟进文档
1	为支持者建立了产品形式的构想	1	销售编写了客户的价值陈述	1	发送了线索信件（邮件）
2	为支持者建立了情境形式的构想	2	客户同意对价值陈述进行研究	2	客户认可/修改线索信件（邮件）
3	为支持者建立了差异化的构想	3	揭示了和痛苦相关的价值	3	支持者信件（邮件）已发送
4	差异化构想书面形式提交给支持者	4	揭示了和构想相关的价值	4	客户认可/修改支持者信件（邮件）
5	支持者认可书面的差异化构想	5	客户肯定或修改可能的价值	5	销售得到客户的同意，进行提议前回顾
6	为权力支持者建立了产品形式构想	6	价值包括了更多的受益者	6	权力支持者信件和联合工作计划已发送
7	为权力支持者建立了情境形式构想	7	进行价值分析——由销售推动	7	客户认可权力支持者信件/联合工作计划
8	为权力支持者建立了差异化的构想	8	进行价值分析——由客户推动	8	第一个"是否继续"步骤已完成
9	差异化构想提交给权力支持者	9	进行价值分析——共同进行	9	提议前回顾已执行
10	权力支持者认可书面的差异化构想	10	解决方案的价值满足了决策标准	10	联合工作计划已完成

　　根据 5 个维度评测的等级越高，赢单的概率会越大，同时这五个维度的评测还会起到相互校验的功能，比如你的构想刻度为 8，权力刻度为 3，这显然是个不合理的评测。

第五章

销售面试

Chapter V

每个销售都想找到一份适合自己的销售工作，在赚到钱的同时能够为自己的职业履历增添光彩。但是大多数销售尤其是新销售对于如何写简历、如何分析机会、如何面试缺乏统一的认识。本章节将重点介绍销售面试的相关内容，包含如何写出一份完整的简历；销售不同阶段，简历突出的重点内容；短时间的工作经历是否要写进简历；面试前如何做好岗位分析；针对不同面试人员的面试技巧；面试过程中如何讲好销售案例；面试时如何表达自己的优缺点；企业招聘销售有哪些渠道；销售在面对新机会时该考虑哪些因素；大企业如何面试；互联网公司的面试技巧；销售的职业发展；销售如何做薪资谈判共 13 个部分的内容。

第五章
销售面试

Chapter V

一、如何写出一份完整的简历

一份完整的销售型简历应该包含下面几部分。

（一）个人简介

① 姓名、年龄、家庭、籍贯等。

② 个人性格特征描述。这是个人简介应重点描述的部分，求职者要对自己所具有的特长、性格特点、综合素质作一个简要分析。这部分内容可以参照销售高手应该具有的个性特征和素质去编写。

③ 个人照片。最好放一张职业照，一张好的职业形象也是获得面试机会的第一步。

（二）工作经历

① 简短且频繁变换的工作经历在放到简历之前须慎重考虑，因为这不是加分项而是减分项。

② 工作经历中应重点描述所从事销售工作的具体工作内容，这可以反馈出你的工作经验，不同行业及不同销售模式需要的经验和能力不一样。

③ 某一行业的长期销售经验比经常变换行业的销售经验更有价值。

④ 如果有长时间在同一公司不同工作岗位的工作经历，应重点描述在不同岗位工作内容的差异性。

（三）工作能力

① 销售业绩部分，要重点突出业绩目标以及完成情况。

② 如目标和实际成绩之间存在差距，要分析具体原因。

③ 每个阶段业绩达成或者部分达成中有哪些客户，要写出客户名称、项目名称以及大概的销售金额。

④ 还要描述自己在销售能力提高过程中的感悟。

（四）项目经验（销售方面）

这部分内容要重点描述你全程参与的销售案例。面试官需要从该案例中分析你的能力和特点。一个完整的销售案例应该包含下面几部分。

① 时间、客户名称、项目名称、项目金额。

② 项目来源，要写明是属于自己开发还是公司分配的资源。

③ 客户需求情况。

④ 项目关键人分析。

⑤ 项目竞争情况。

⑥ 销售过程中你的个人价值体现。

⑦ 成单后的收获。

以上描述就是一份销售型简历应主要包含的内容和要突出的重点。最后总结一句话，销售简历的制作就是在学历、经历、潜力、经验、能力中找到自己有突出表现的方面。

二、销售不同阶段，简历突出的重点内容

我看过很多的销售简历，一份好的简历会天然让观者产生好的印象，虽未谋面，但已有一些好感。所以一份简历也是一个好工作机会的敲门砖。

下面我们根据处于不同阶段面试者的工作经历，将其销售简历的撰写重点逐一做些介绍。

（1）如果你是大学毕业生，想从事销售工作。

除非你是校招或者对方是小 B 型客户，不然无论哪个行业，各类企业其实对招入刚毕业学生从事 B2B 销售工作都是有所顾虑的。第一是针对新人的培养周期问题；第二是新人社会经验的问题；第三是招入的新人是否具备吃苦耐劳的素质。这些是每家企业对刚毕业即从事销售工作的学生的 3 点顾虑。

那么，大学毕业生想从事销售工作，简历当中要体现自己的哪些特点呢？

① 学习成绩要好。学习成绩好代表你是肯学上进的人。好销售的一项核心素质就是爱学习；爱学习的销售其工作能力不会差。

② 实习过程中的实践经验也很重要。这方面的简历内容一定不要泛泛而写，而是要写出对实践业务的理解，在实习过程中学习到了哪些知识。

③ 简历中列举的某些事例要体现出你有坚韧不拔、吃苦耐劳的素质，因为这些都是从事销售工作所必不可少的基本素质。

既然缺乏工作经验是客观事实，那就要体现出你所具备潜力和素质。

（2）如果你有 3 ～ 5 年销售经验。

在 B2B 销售行业，一般有 3 ～ 5 年的工作经验属于入门级别的销售，这一级别的销售对 B2B 销售工作有了一定的理解，已初步形成自己的销售风格，但是还没有自己的销售体系。销售在简历中要体现出自己对销售工作的理解，尤其是令自己有成就感的第一次成单经历，可以作为简历中的重点进行描述，还可以列出自己的业绩情况，但是不要过于夸大，而应实事求是。

另外，简历中要体现出一些销售工作的专业词汇，这有助于面试官能快速检索到你的简历。

（3）如果你有 5 ～ 8 年的销售经验。

在 B2B 销售中一般有 5 ～ 8 年工作经验的销售人员，年龄多在 30 岁左右，正处于自己职业发展的黄金阶段。只要业绩不差，用人单位都喜欢要。因为这样的人员年富力强，精力充沛，且还有一定的客户资源。

在简历中要重点体现自己过往的销售业绩以及自己对销售方法论和体系的理解，另外还要有自己做过的案例。其中，销售业绩要体现你做过项目的金额和名称，这代表你有潜在的客户资源，这些都是面试官会关注的重点。简历中切忌出现经常换工作的表述，这会给用人单位一种这名销售不踏实的感觉。

（4）如果你有 8 年以上的销售经验。

如果你在这个阶段还为工作发愁，也许说明你不太适合从事销售工作。这个阶段的销售都是猎头追逐的对象，当然这些的前提是你的业绩不差、名声不坏。

三、短时间的工作经历是否要写进简历

我对此问题的态度是：短时间的工作经历不要写进简历。

我们先分析一下，有些人为什么会有把短时间工作经历写进简历的想法。一句话：为了提高自己的面试成功率。

① 增加知名公司工作的背景。

这个想法很好理解：如果你曾经在大公司或者国内外知名公司工作过，希望将其写进简历以增加自己的背景，毕竟用人单位还是更看重大公司或知名公司出来的人。

② 增加类似工作经验。

比如你是技术人员出身，后来在其他公司做过 3 个月的销售，

现在你应聘的是一份销售工作。你想通过列出这段工作经历来表明自己是干过销售工作的，有类似工作经验。

③ 增加管理经验。

比如你在上一家公司只工作了 2 个月，但是你管理过 100 人的团队，于是你希望在简历中体现出自己有过管理百人以上团队的经验。

④ 增加行业经验。

你以前工作过的公司和目前应聘的公司属同一行业。在简历中增加这一段工作经历，表明你有同行业工作经验。

总之，你是想通过在简历中增加上述内容来提高自己的面试成功率。但是实际情况可能并不全是你所想的那样。

接下来我们再分析一下，用人单位都会关注应聘者的哪些方面。

① 是否有类似行业经验。

因为有类似行业经验，代表你可以快速进入工作状态，甚至不需要磨合期。

② 是否具备岗位要求的技能。

岗位技能的考察一般分两个方面：一方面是看简历当中是否有体现；另一方面是在面试过程中进行考察。

③ 过往的成绩或者参与项目的经验。

你过往的成绩和参与项目的经验代表你胜任工作的能力，这也是面试考察或者进行背景调查的一项重要内容。

④ 会关注你工作经历的稳定性。

这是因为，哪个单位都不会喜欢经常跳槽、工作不稳定的人，这代表着用人单位成本会无意义地增加。

最后，我们再从面试官筛选简历的角度分析一下。

① 工作时间短的简历往往被忽略掉。

面试官每天都会看成百上千份简历，决定选入面试阶段的简历是经过综合评估的，所以工作时间短的简历往往被忽略掉。

② 工作时间短有不适应或是被辞退的因素。

时间短尤其是 2 ～ 3 个月工作时间的工作经历往往会令该面试官认为应聘人员有不适应工作或者可能被辞退的情况。

③ 时间短的工作经历会让该面试者被认为能力不行。

④ 几段短时间的工作经历令该面试者被认为状态不稳定。

如果是有 2 ～ 3 段短时间的工作经历，该面试者会被认为工作稳定性差。

面试官确实很关注你在同行业内的工作经验，但是会更关注你工作时间的长短，虽然有同行业经验，但是工作时间短在面试官来看意味着稳定性和归属性都比较差，所以这种短时间的工作经验是没用的。

目前，用人单位招人都很慎重，对面试者进行背景调查也会是一种常规的手段，所以，面试者切忌在简历内容上弄虚作假。

四、面试前如何做好岗位分析

销售在接到用人单位面试邀请以后，可以先进行一些面试岗位分析并调整好自己的状态，以求以最佳面貌出现在面试现场。

首先，面试岗位分析应该有以下几个方面的内容。

（1）用人单位的情况查询。

面试前要上网查一下用人单位的大体情况，具体内容应包含行业、背景、产品体系、价值链、案例以及新闻。

其中的重点是：用人单位的行业地位、品牌影响力、创始人背景、产品技术案例、业务如何运转等，要从中分析用人单位的企业文化、销售模式和目标客户等情况。

（2）与应聘岗位进行匹配度分析。

对用人单位招聘广告上的岗位要求进行分析，将自己的销售能力、素质、经验与之进行对比。

通过匹配度分析，你就会大致了解这个销售岗位是否适合你，是匹配的还是有差距的？抑或是不合适的？初步分析后你就会对即将到来的面试，有个大概的预判。

（3）面试场景的判断和分析。

有一些公司在面试前要进行答题和性格能力测试。一般的面试场景有下面 3 种。

① 轮次面试。所谓轮次面试，即指先由面试官面试；面试通过后会安排主管面试和更高一级销售领导的面试。一般这个周期大约有半个月，也有长一些的在一个月左右。

② 阶梯面试。即所有的面试在一天之内完成。有时即使在面试官不在的情况下也会尽快安排其他形式的面试。一般面试官面试完毕后将入选者推荐给主管，主管面试完毕再将入选者推荐给最终有决定权的领导。

③ 交叉面试。所谓交叉面试，就是面试官有若干人，从不同的角度面试应聘者，然后再做出综合判断和取舍。

其次，要做好面试状态的调整。

① 通过网络和朋友尽可能了解面试官的情况。

② 面试前一天晚上好好休息，调整好状态。

③ 一套合适的职业装会增强你的面试信心。

五、针对不同面试人员的面试技巧

销售面试的面试人员一般是 3 个人：面试官，直接领导以及最终决定是否录用你的老板。

针对这三类面试人员，我总结了一套面试技巧：面试官面试时，应聘者要体现"专"；直接领导面试时，应聘者要体现"能"；最终老板面试时，应聘者要体现"虚"。

下面分开解释一下。

（1）面试官面试时，应聘者要体现"专"。

面试官面试其实就是确定三个方面：第一，验证你本人和简历描述是否有差距；第二，你的销售专业性是否能胜任岗位的要求；第三，有没有职业污点和性格缺点。这三部分加起来是面试官面试的重点。

HR 开始面试的时候，通常会先让应聘者自我介绍一下。这个流程是面试官要借此看看你的逻辑沟通能力如何，另外还要看看你的描述是否和简历有差异。

在自我介绍完之后，HR 通常还要对你的专业情况做一个简要了解，比如你在上一家公司的情况，主要是业绩情况和销售的专业性等。

最后，面试官一般会问一下你前一次的离职情况，对用人单位的看法以及期望的薪水待遇。

（2）直接领导面试时，应聘者要体现"能"。

作为应聘者，你要充分体现自己的销售能力。因为直接领导是让你过来一起完成业绩指标的，所以你的销售能力与岗位是否匹配是他要考察的重点。

直接领导会从你对销售的理解、业绩是如何完成的、销售案例3 个方面充分考察你的销售能力。

另外，是否能通过这场面试还和气场和眼缘相关。销售型领导一般都见多识广，这方面的感觉都很准。

（3）最终领导面试时，应聘者要体现"虚"。

最终领导决定是否要录取你主要看两个方面：第一，你对价值观的理解，即指你在价值观上不能有偏差；第二，看你对销售这一工作的理解，如果你能跳出销售这个圈子看销售，也就是说，你能站在管理的角度看销售、站在财务的角度看销售、站在投资的角度看销售等，这是大领导最喜欢的类型。

如果你在这两方面表现不错，那恭喜你了！

六、面试过程中如何讲好销售案例

我在面试销售的过程中，经常让面试者去讲一个自己做过的案例。成功的也行，失败的更好，越复杂越好。

为什么要设置这个面试主题呢？

主要想在面试者对案例的描述过程中，了解 3 件事：

① 面试者对销售的理解；

② 了解面试者的打单思路；

③ 观察其实际业务水平；

有些面试者在这一环节表现得并不好。那么为什么有的销售讲不好销售案例呢？主要有以下几个方面因素。

① 案例可能不是自己做的，而是道听途说别人的案例，或者看了一些销售故事，由此编造一个案例。

② 在这个案例当中，可能自己只是一个小小的执行者，具体策略是如何执行的、如何获得竞争优势的，自己并不清楚。

③ 虽然单子成了，但是成功的过程稀里糊涂，总结不出来。

而在这一环节表现更好的面试者，在讲述成功销售案例时具备以下这些特点。

① 对于客户需求很清楚，也知道自己去卖什么。

② 对于客户关键人的具体情况，能够讲得很明白，里面的关系也能梳理的很清楚。

③ 对竞争对手的具体情况也很了解，知道竞争过程中发生了哪些事。

④ 打单的思路很清晰，知道怎样去影响关键人。

⑤ 知道怎样去屏蔽竞争对手，并弱化对方优势，以形成自己的差异化优势。

⑥ 非常明确自己在打单过程中做了哪些贡献。

⑦ 讲述过程的代入感很强。

所以说，好的销售都是讲故事的高手。

七、面试时如何表达自己的优缺点

参加面试时，销售通常会被要求对自己做个评价，尤其是在优点和缺点的层面。

在面试过程中，很多面试者对自己的优点都会侃侃而谈，而谈到自己缺点的时候，一般会出现不知所措、避实就虚、诚恳应对这3种反应。面试经验少的销售经常会表现出不知所措；圆滑一些的销售会表现出避实就虚；而经验丰富的销售大都会表现得很诚恳。

面试官问这个问题的目的有三。

第一，判断该面试者的缺点是否影响其工作胜任度。

有些工作带有明显的职业特点，往往有某种缺点或者缺陷的人确实是不合适的。

比如，大客户销售岗位，对一个人的逻辑判断能力要求比较高，一个叙述性思维能力更强而逻辑判断思维能力相对弱一些的人是不太适合这项工作的。因为大客户销售决策体系复杂、竞争对手多、周期长，若销售的逻辑判断能力较弱，就会在项目竞争中的形势判断方面处于劣势。

第二，判断某一面试者是否是一个诚实可信赖的人。

有些面试者针对这个问题，会不做正面回答，或者避实就虚、答非所问。

销售工作最忌讳的就是自欺欺人。我曾见过很多销售靠编造销售故事去给领导做汇报。这样做不仅会影响团队且到了最后更会影响自己的职场生涯。

正确的做法是可以说出自己的缺点，但更要谈针对缺点自己是如何改进的。其实销售并不需要十全十美，而是要有自己的特色。

第三，销售管理者为建立下属标签属性，便于管理。

我认为，好的面试者应能够正视自己的缺点或者是问题。这样上级领导就可以在今后的工作中知道怎么去指导和帮助他，缩短磨合期。

这一点非常重要，因为有一些销售都很善于伪装或者意识不到自己的缺点，而这些缺点有时在工作中导致的问题是很致命的，等到管理者发现问题时往往后果已经很严重了，最后只能让其另谋高就。

八、企业招聘销售有哪些渠道

企业招聘的渠道一般有校招、社招、内部推荐、关系引荐等几种，不同的招聘渠道对于面试者能否被录用的影响差别很大。

1. 校招

很多大企业每年都会有针对高校大学生的招聘计划，且有越来越多的初创型互联网公司也开始注重校招。

企业的校招一般都是为储备人才而进行的。通过校招录用的新人一般都会有培养周期，且校招的新人对企业的忠诚度通常都很高。企业内的销售岗位一般也会留有一部分给校招来的新人，企业会根据新人们的实习成绩决定他们能否胜任销售岗位。

2. 社招

社招就是社会招聘，目前社招依然是企业招聘销售人员的主要来源，一方面通过各个招聘平台来发布招聘信息，另一方面就是通过猎头服务来招聘企业需要的销售人才。

企业对社招的销售人员抱有期望，其核心还是奔着完成业绩去的，所以一般不会有培养周期，但是在销售培训方面，企业会竭尽所能。

通过猎头公司招聘过来的销售人才，由于企业花费的成本比较高，所以会希望对方尽快出销售业绩。

一般社招的销售人员离职率会比较高，一些互联网企业的销售人员淘汰率和离职率会更高一些。

3. 内部推荐

销售的内部推荐在大企业中很普遍，一是因为各企业中转岗做销售的人本来就很多，他们本身对行业内的组织体系就很熟悉，所以基本没有什么不适应的情况；二是文化的认同和人脉的认同会很高。

内部推荐是应聘者最容易获得销售岗位的一种形式，由于体制和人脉关系熟悉，离职率一般也会很低。

4. 关系引荐

关系引荐一般在初创型公司应用得比较普遍，尤其是销售岗位的招聘工作多数都采用这种方式。有的投资机构将其作为一种投后服务，也会主动给被注资企业推荐销售人才。

虽然这种方式比较普遍，但是有时也会造成用人偏差，一方面源于销售人员到新平台的水土不服，另一方面源于初创公司老板对销售人员的过高期待。

这种偏差会造成这部分销售人员在 1 年内离职率很高。

销售人才这个市场真的很奇怪，一方面是大量销售人员在找工作，另一方面是企业缺少大量适合的销售人才。

九、销售在面对新机会时该考虑哪些因素

销售在面临新的工作机会时，切忌盲目选择，一定要按照自己职业生涯规划的方向去挑选。在选择新工作机会的时候一定要想明白以下 5 个问题。

（1）目前自己处于职业发展的哪个阶段。

销售人员的职业发展大体有以下几个不同阶段。

① 销售新手期。这个阶段大约要经历 3 年的时间，在这个阶段要考虑自己销售能力的提升。

② 销售成长期。这个阶段大约要经历 5 年的时间，在这个阶段要考虑能力、赚钱、发展 3 个方面。

③ 销售黄金期。这个阶段大约要经历 10 年的时间，这个阶段要考虑赚钱、发展、转型 3 个方面。

④ 销售增值期。

（2）新机会和职业规划是否匹配，是否有利于自己提升职业含金量。

在新机会来临的时候销售一定要参照前面划分的职业发展阶段，做好自己的职业规划，不要走弯路。尤其是在销售成长期，销售在该阶段末期，一般年龄都在 30 岁左右，所以对待眼前的新机会更要慎重考虑，尽量避免走弯路。

（3）新公司是否能够为自己提供更多的发展机会。

如果你正处于销售的成长期和黄金期，在考虑新工作机会的时候，一定要关注自己的职业发展方向，关注新公司是否能为职业发展提供新的机会。

这项评估非常关键，因为这是决定你能在新公司干多久的重要问题。

（4）公司的文化是否和自己的价值观匹配。

每个人都会有自己的价值观，若你的价值观和新公司文化不匹配就会很难融入新公司，融不进去就不会有好的销售业绩，同样也不会有更多的发展空间。

另外，销售还要和新公司匹配下自己的销售模式，比如新公司崇尚商务手段去拿订单，而你这方面恰恰很不擅长，那么这类新工作的机会诱惑再大，也要慎重考虑。

（5）目前所处行业的发展前景如何。

前面我们也讲到过，做销售切忌一脚踏入一个夕阳行业，因为有时候选择确实大于努力。

十、大企业如何面试

很多销售都想进大企业。首先，进大企业做销售，收入相对比较稳定；其次，有大企业工作经历也属于自己的职业发展履历中较为光辉的一页；最后，在大企业中可以学到成体系的销售知识，为自己以后的职业发展奠定基础。

想进大企业的销售一定要注意以下 3 个方面。

1. 大企业招聘时机

大企业的销售招聘一般在两个时间段：第一个时间段在 1—3 月；另一个时间段在下半年 7—8 月。之所以多在这两个时间段进行招聘，是源于大企业的考核机制。

大企业都会有半年考核和全年考核，而这两个考核一般分别在 6 月底和 12 月底。所以考核过后，就要开始做下半年或者第二年的业务补强计划。所谓业务补强计划，就是在上半年业绩一般的情况下，要做下半年的策略调整和销售人员补充；或者是为了第二年新的业绩目标，在年底开始进行明年的策略调整和销售人员补充计划。

所以，销售可以在这两个时间段留意大企业的招聘信息。

2. 识别你的直属领导

有两种较为常见的销售直属领导：一种是由销售新晋升的销售管理者或是由其他岗位转岗的销售管理者；另一种是由其他部门或企业"空降"而来的销售领导。

一般进入大企业后的销售直属领导以这两种居多。这两种领导通常非常重视销售的销售经验以及客户资源，因为他们需要的是入职即可干活的人，所以面试时重点突出这两方面的信息尤其重要。

3. 选择合适的面试渠道

销售选择直接投递简历进大公司，其实是下下策；找到引荐人推荐，才是上上策。或者可以找销售圈内的朋友要直接领导或者大领导的电话，向对方毛遂自荐，也是一种方法。

从面试成功概率上讲，熟人引荐和毛遂自荐的成功概率都高于单纯地投递简历。当然成功的前提是你的销售能力确实没有问题，并且这个销售岗位也能够和你的以往工作经验以及能力相匹配。

以上就是销售去大企业参加面试的一些要点，希望这些要点能帮你顺利进入各行业的头部企业。

十一、互联网公司的面试技巧

最近几年，由于互联网公司发展迅速，其薪资待遇一般都高于社会平均水平，受到很多刚毕业的大学生或者是有过几年销售经验的销售人员的青睐，但是互联网公司由于其内部工作节奏快且更加追求效率，所以互联网行业的销售人员的淘汰率也高于其他行业。

下面是几类互联网公司的一些面试要点，供愿意进互联网领域的新销售参考。

1. SAAS 类型的公司

SAAS（即，软件即服务）类型的公司这几年发展起来的比较多，虽然目前还没有实力超群的公司出现，但基本发展都不错。

这种公司对销售的要求是，既要有顾问型销售的专业性还要有产品型销售的效率，所以会对所需要的销售人员提出较高的要求。

这些公司目前使用的销售模式，有产品型销售、MEDDIC

（以了解客户需求和期望为目的的销售方法）、解决方案销售、项目型销售、大客户销售等。

2. 平台类公司

平台类公司，就是诸如美团这些为客户在衣、食、住、行、娱等方面提供服务的公司，这种公司在初期开拓市场一般会采用地推加产品型销售的销售模式，注重拜访量。由于平台类公司面向的基本是小 B 型的客户、商场、超市、美容院、饭店等，所以对销售开发客户的效率和速度非常重视。

这类公司招销售的机会多，也不需要很高的学历和很长的工作经验，除了必须要有的销售技巧，勤奋是这类公司对销售的第一要求。

3. 媒体资讯类

诸如今日头条、百度、网易这样的媒体资讯类公司，一般都会设有大客户销售这一销售岗位。大客户销售的业务内容就是售卖一些广告服务给一些头部公司或者不同行业内的知名公司。

这类公司的销售负责的主要业务是开发体量大的客户，所以对销售的能力和客户资源有一定的门槛要求，多喜欢聘用顾问式销售或者项目型销售。

4. 其他类型

不同类型公司的销售采用的销售模式也会有不同，有的采用电话销售，有的采用网络销售，有的采用会议营销。一般这种类型的公司规模都不是很大。

十二、销售的职业发展

类似这样的问题，有很多销售朋友都曾经向我咨询过。这些年我通过观察身边从事销售职业的朋友，发现销售以后的职业发展基本有 4 个方向。

做销售的朋友可以根据这 4 个发展方向，做好自己的职业生涯规划。

1. 做销售管理者

销售做到一定的程度，大多数人都会往销售管理者也就是销售职业经理人这个方向去发展。从基层销售管理走向中层销售管理，最后走到高层销售管理这样的岗位。

如果销售想沿着这条路径发展下去，那就要积累与销售管理有关的各方面知识、体系以及人脉。

基层的销售管理者除了固有的销售能力以外，还需要有完成既定业务目标的业绩管理能力；中层的销售管理者更注重积累考核制度等管理方面的知识体系；高层的销售管理者要从顶层设计、销售体系搭建、资源配置层面等几个方向努力。

2. 做大客户销售

还有一部分销售，自己不想往管理方面发展，而是选择去做大客户销售，有的公司也称该岗位为战略销售。这种类型的销售一般负责公司的头部客户或者战略合作客户，这类客户每年都会给公司带来巨大的业绩收入，也是公司重点维护的客户。

大客户销售一般负责 2 ～ 3 家战略级别的大客户，大客户销售除了须自身具备过硬的销售能力以外，在商务和服务能力方面也须具备较高的能力。

3. 做行业专家型销售

有的销售在一个行业内从业多年，会对这个行业的业务知识形成一个体系，并形成带有很强个人风格的销售模式，会慢慢发展成专家型销售。这种销售的专业能力很强，也很容易得到客户的认可。

行业专家型销售在所有的销售从业者当中是最受客户尊重的一种类型。

4. 创业

也有不少销售，在拥有能力、资源、客户以后，走上了创业的道路。

十三、销售如何做薪资谈判

薪资谈判是销售应聘的一个环节，对于销售而言也是最重要的事情，每个销售都期望进入一个对自己发展有利且薪资不错的公司。

一般面试官在面试的后半段，会问一下应聘者以前的工资水平和期望的薪资水平。这个环节也是用来了解应聘者要求的薪资水平是否和用人单位能给出的薪资水平一致或近似，当然这个了解的前提是应聘者的能力基本符合用人单位的要求。

销售一般在这个环节，会有以下几种表现。

（1）狮子大开口型。这种表现在年轻销售身上体现较多。主要是这些销售一般有以下两种心理预期：第一种，认为自己能力不错，也听说过一些薪资谈判的故事，认为跳槽薪资就可以翻倍；第二种，认为用人单位肯定会还价，所以就像商务谈判那样，先报一个高价，慢慢地再往下还价。

坦白讲，用人单位的面试官虽然谈不上"火眼金睛"，但也是经验丰富，所以这种伎俩最好不要用，应聘者要正确、合理地评估自己；另外，为确保招聘情况的客观、真实，现在大多数招聘单位要求应聘人员提供自己的薪资流水情况。

（2）附和用人单位型。这种表现可以说比前面的"狮子大开口"型略聪明。一般情况下，应聘者会说，根据用人单位应聘职位薪资水平给予就可以；再聪明一点的可以补一句，如，希望不要低于自己目前的薪资水平。

这样的回答一般会获得用人单位的好感。那么在面试中到底该如何进行恰当的薪资谈判呢？

（1）如果你是从小公司出来，去应聘大公司。

可以参照前面提及的第二种方式，用附和型说辞就可以了。因为大公司的不同岗位都会有相应的薪资标准，不会因为你一个人而发生改变。

（2）如果你是从大公司去初创型公司。

这种情况，提出的薪资要求比现在提高50%左右就可以了，也不要指望太高。因为在初创型公司，薪资越高代表压力会越大，相应地风险也就越大。千万不要有降低身份和屈就这样的想法。

（3）跳槽同等实力公司。

在这种情况下你的薪资要求比现在高出20%～30%就可以了，这个浮动属于正常合理的范畴。

另外，薪资谈判一定要参照行业水平、自身实力、用人单位的文化、直接领导的风格等因素综合考虑，也就是说，不要为了钱而忽略了你本应更重视的其他因素。

销售案例

Chapter VI

本章中的销售案例都是来自销售过程中的真实打单案例。这些案例多以故事的形式分享给大家，以便大家更好地理解。本章共包含客户真的不在乎价格吗；高价拿单的策略分析；姜小白对销售机会的判断，问题出在哪里；姜小白到手的合同飞了，问题出在哪里；搞定了决策人还签不了单；跟踪很久的项目，关键人换了，怎么突破；初期项目是由你运作的，目前却面临对项目失去控制的局面；为什么跟单后期总被淘汰，挑战者的销售策略如何制定8个案例，供大家参考。

一、客户真的不在乎价格吗

今天是周日，本来是休息的日子。姜小白早早地等在客户办公室外面，因为今天客户通知自己过来进行商务谈判。姜小白本来心情不错、满心欢喜，但是走到客户办公室时，发现竞争对手安旭东也在外面等候。两人以前是老同事，相互点了一下头之后，便无他话。

姜小白在中午给我来了个电话，电话里听得出来他有点着急。

两个月前姜小白从以前的公司跳槽到现在所在的公司，而客户是以前公司的老客户，曾经合作过一个项目，那个项目就是安旭东签的，听说服务也做得不错。

客户的李总打电话通知姜小白来签合同，并口口声声说价格不是问题，只要产品好、服务好就考虑合作；此前李总也看过产品了，表示很满意。

此时姜小白心里犯了嘀咕："本来叫我过来签合同，怎么安旭东也来了？现在都到中午了，李总办公室的门还锁着。"

我对姜小白说："这个单子的情况是这样，李总叫竞争对手一起过来，明显意图是压价。所以，李总说的'价格不是问题'，也就是说说而已，其实客户还是在意价格的。另外，约好的商务谈判，李总却直到中午都还没有露面，其实也是想让你和安旭东都产生焦虑情绪，最后的目的还是要压价。"

我问姜小白："从价格控制上，你现在的公司和以前公司，哪一家对价格体系控制得比较严？"姜小白说："还是以前公司对价格体系控制更严，折扣价格很难申请。"我说："你有这个底气就好办。"

接下来，我和姜小白一起制定出以下的谈判策略：

① 价格上，一定要比竞争对手的价格更优惠。姜小白可以和领导把项目情况说一下，尽快得到领导的批准，拿到优惠价。

② 向李总作出承诺：服务会比安旭东他们好，必要时可以把服务细则写入合同。

③ 除了以上这两点，姜小白一定要想清楚：如果李总和自己合作，自己还能为对方提供哪些增值服务；还有，从自己公司的其他产品和服务方面讲，还能给客户李总提供哪些帮助，以形成稳定的长期合作关系。

制定完谈判策略以后，我告诉姜小白："别主动给李总打电话，等着他给你打。"

下午 5 点多的时候，姜小白来电话说，合同签了，就是按照我们制定好的策略和李总谈的，李总还是比较在意价格的。

从这个案例可以看出，客户李总的谈判经验还是很丰富的。姜小白刚从事销售工作一年多，在这个从业阶段，由于经验不足，所以在判断上会有所偏差。

我们要知道有时候客户说的和心里想的并不一样，嘴里说越不在意的东西，恰恰可能是最在意的。经验丰富的销售很容易判断出来，而类似姜小白这样的新销售还是需要一段时间的磨炼的。

二、高价拿单的策略分析

周六的早上，我打开微信看到前同事 Anne 发过来一条信息：罗老师，想和你说说一个项目的情况。我一看信息是凌晨 3：12 发出来的，于是赶紧回过去：现在方便，可以电话沟通一下。

该项目的背景是这样的：Anne 的客户是一家中大型消费品企业，目前正在选择一套 CRM 系统，主要用来管理厂家的业务员以及终端门店的驻店员，另外还需要把门店订单也管理起来。

现在已经有 2 家公司同客户交流过了。Anne 代表的公司是最近才过来交流的，所幸的是，客户方的 4 个关键人，即总经理、营销总监、销售总监、外部咨询专家 Anne 都见过了。目前可以确定的是：Anne 公司的产品除了针对业务员和驻店员的管理能够很好地实现以外，客户门店订单管理的需求也能很好地满足，而竞品在针对订单这一块的方案会差一些，但也不是完全不能满足。

目前的问题是：虽然 Anne 一方在客户的需求满足程度上得分要高一些，但是价格却比竞品价格要高了 2 倍，而主要的竞争对手已经比较早地做过关键人的商务工作了。总经理虽然是项目决策者，但还是要听取营销总监和财务总监的建议。

Anne 和我经过分析，琢磨了 3 个方案。

方案一：把价格降下来。和竞品公司的价格持平，但 Anne 代表的公司不愿意陷入价格战，如果勉强接下来也会亏损。

方案二：Anne 方价格比竞品高出 20% 左右。这是目前比较合理的价格，但 Anne 的老板经过核算后得出结论，即使价格比竞品高 20%，这个单子也只算勉强保本，拿不出多余的预算去处理与客户的商务关系。

方案三：价格比竞品价格高出 1 倍，拿下订单。但如果价格高出竞品 1 倍，会造成客户关键人不敢公开支持 Anne 所代表的公司，因为谁都不想无端遭受其他同事的质疑。所以，处理好客户商务关系是 Anne 方尽快要做的事情。

将上述 3 种方案对比后分析如下。

方案一：拿下该订单的概率大，但是公司不支持，销售也拿不到多少提成，因此 Anne 自身的动力不大。

方案二：不做商务关系也能拿下订单的概率在 70%，但风险还是比较大的。

方案三：目前看来，这是最好的方案，也能平衡好公司的利润和客户的商务关系，但是价格高出竞品1倍这件事要给客户一个合理的解释。那么，这个给客户的合理解释该如何来做呢？

最后讨论决定：采用方案三，但是要给客户额外提供一份投资效益分析报告，且要把这份报告重点提交给客户方总经理和财务总监去看。获得客户认可后，再去做客户的某些关键人的商务关系。

三、姜小白对销售机会的判断，问题出在哪里

又到了周末进行销售总结的时间了，姜小白被新老板陈总叫到办公室。

"小白，说说你寻找商机的情况，这周有新的机会进来吗？"

"陈总，本周有一个新的机会进来，铁海股份有一个 APM 的项目。我已经去过一次，和客户交流过了，感觉挺好的。我觉得这个项目今年有希望。"

说话间，小白用眼瞄了一下陈总，见陈总脸上闪过一丝不快。

"陈总，我去了以后和对方科设部（科研设计部）的张海明处长讲了一下我们公司的实力，张处长很热情，说有机会多和我们学习学习。"小白继续补充到。

陈总看了一眼小白，说："小白，我们判断一个好商机的标准是什么？"

"这个我知道啊，我们以前培训过，是 MAN。"小白答道。

1. MAN 是什么

"MAN 是判断一个商机是否成立的一个标准，M（Money）就是客户有没有钱，A（Authority）就是我们接触的人有没有权

限，N（Need）就是客户有没有需求。"小白继续说。

"陈总，这次去我光自己讲了，没问客户的需求，客户这么大的规模，应该也有钱，张处长好像是负责开发的。"

说到这里，小白开始意识到这次拜访似乎没达成什么目标，说话的兴奋度也低了下来。

"小白，你说的这个机会判断的标准很重要。当然，你第一次见客户，客户的信息你也不可能搜集得很全面。你也知道，我们做项目、谈客户，信息的全面性和准确性很关键，这两个因素会直接影响我们打单的策略以及资源的配置。下面我们一起分析一下，MAN 的具体用法。"

小白听陈总这样说，心里暗想，陈总果然有几把刷子，也喜欢传授知识，不像以前的老板就知道要业绩、没业绩就骂人，看来这次应该和陈总好好学点东西。

2. MAN 的深入理解和补充

"MAN 有 8 种应用方法，可以对商机作出判断，这个大家都知道。但是这里面有几个关键点，我们应该清楚。

"首先是 M（钱），客户有无购买能力只是一个粗略的判断指标，关键是客户是否有这笔预算花到这个项目上。

"有的时候客户是有钱，但是项目是一个大项目，APM 项目只是里面的一小部分，也就是说，分给 APM 的预算根本就不够采购我们的产品。

"另外，这笔钱是哪个部门出的，出钱的部门和解决问题的部门是否一致，这些不确定因素都会影响项目。

"其次是 A（权限），理想的情况是你能找到项目的决策人直接谈，但在一个项目当中，关键人不止一个，这里面有技术把关人、业务把关人，还有决策者及其他影响者。另外，他们之间的汇报关系和决策机制是什么样的，这些内容都要去考虑。

"接下来，我们说说 N（需求），客户的需求很关键。

"我们经常讲，没有需求就没有采购，客户只有明确了需求才能产生购买行为。但我们需要考虑的是需求的不解决是否给客户带来痛苦，以及如果不解决会有哪些影响，还有，我们产品的匹配度如何。"

听陈总说到这里，姜小白不好意思起来，自己暗想，原来 MAN 的运用还有这么多自己不知道的地方，以后一定好好学习。

"一个商机的判断还不止这些，还要考虑项目进展所处的阶段，这里面还有时间、竞争关系、决策机制以及我们是否有 Coach（教练）。"陈总继续说。

听到这里，姜小白简直只能用"震惊"来形容自己了，原来销售的学问这么多。

四、姜小白到手的合同飞了，问题出在哪里

上周五陈总正在开会，电话响了。

"陈总您忙吗？我今天有点郁闷，有两个项目的事想和你汇报一下。"

小白的语气有点着急。

陈总马上说："晚上碰一下吧，现在有事。"

晚上七点，陈总在公司附近的烤串店里，等来了姜小白。

这家烤串店是陈总近两年和朋友聊天小聚的地方，偶尔下班后想放松一下也来这里。

姜小白进来后说："陈总，我近期有三个单子，都进行到走

流程了，目前有两个走不下去了，估计要'黄'，您帮我看看咋弄。"

接着自己倒了一杯啤酒，一口见底。

"这两个单子，一个是走合同时被采购拦下了，一个是提报到老板那里直接给取消了。"小白继续说着。

陈总看了一眼眼睛通红的姜小白后说："小白别着急，一个一个慢慢说，我们一起分析。"

"华远思创的单子，我一直和运营经理联系，前期技术交流和产品演示效果都很好。运营部门的于经理最近安排我们进行产品测试，折腾了一周，总算测试完了。

"这周一于经理让我把合同发给他，他去走合同流程。这不，没过两天，他今天给我打电话说合同被采购部门卡了，要走招（投）标流程。" 小白说道。

陈总没有抬头，继续低头吃饭。

"那第二个是怎么回事？"陈总问。

"第二是易百佳集团，这是个大单。我开始接触的是市场部的李总监，主要是对他们线上商城业务的广告推广效果做监测，我们的产品能满足这个需求。后来超频公司进来了，说他们也能满足。

"超频的产品比我们价格便宜，确实也能满足客户的需求。

"我后来感觉形势发展不太好，就去找了运营部的王慧敏总监。他们部门近期要做线上活动，正好想看看效果。这样我们的产品既能满足市场部的需求也能满足运营部门的需求，而超频公司满足不了运营部门的需求，这样我们就有了竞争优势。"

听到这，陈总心想，姜小白这半年还是有进步的。

"私下里我也和王总监、李总监分别交流了几次，他们也挺支持我的，后面由王总监把这个事提报到CEO那里，被否掉了。"

姜小白继续说道。

陈总听完后说："小白，第一个单子，我感觉问题是出在费用或者是公司内部派系纷争上了。一般如果只解决部门内部的需求，费用不高的话，通常是通过部门费用解决的。

"但是如果费用高，有的公司采购金额超过一定限额就要走招（投）标流程，这也是公司防止采购风险的一种方式。

"还有一种可能性，有些公司内部的各部门之间存在权力之争，比如，采购部门认为运营部门的这次采购是侵犯了他们的权限，所以故意卡住。

"建议你，第一要了解是否费用超限额了，如果超限额了，就要了解他们的招（投）标流程及采购习惯；第二如果没有超限额，就要了解一下客户运营部门和采购部门之间的关系。不管属于哪种情况，都应拜访客户的采购部门去做一下了解和疏通工作。"

听了陈总的话，姜小白似乎明白了一个道理：看似简单的事，其实没那么简单。

"第二单子……"陈总的话把小白的思绪又拉回谈话中。

"第二个单子，你前期的策略是很成功的，通过扩大需求有效地狙击掉了超频。但你忽略了，如果客户需求扩大了，可能其决策关系也会改变，易百佳这个单子最后的决策者变成 CEO 了，而 CEO 的想法以及对这件事的态度，你还不知道。现在更麻烦的是 CEO 已经把这件事否决了。

"你应该提前和王总监沟通一下，了解一下 CEO 对这个事究竟是什么态度，是否要安排我们的高层做个拜访，这样可以降低他的风险，有些事从我们的嘴里说出来会更好一些。这个事目前没有其他更好的办法，你和王总监先沟通一下，看看是否能安排我去见一下他们 CEO。"

五、搞定了决策人还签不了单

以前和一个朋友一起分析了一个销售案例。

朋友的公司是做在线教育的，最近在谈一个单子，前几次和客户交流后效果很好，客户的决策人为 HRD（人事总监），也对朋友公司提出的方案很满意。

朋友说打算明天把合同拿过去，"逼"着客户现场签单，问问我有什么建议。

朋友简述了一下大概背景：这位 HRD 新入职该公司不久，这家公司是一个大型国企，这块业务以前也有曾合作的供应商。

听了朋友的以上复述，我问了 3 个问题。

① 客户的需求有没有得到满足？

② 和客户之间的信任感是否已建立？

③ 如果客户采纳你的方案，客户还需要关注什么？

朋友听了我的分析后回答：客户的需求都可以满足，这几次的交流客户也完全相信朋友的公司能够做好这个事，但对之前提出的第三个问题却不是很明确。

根据已知的信息，我们可以判断出，客户若采纳朋友公司的方案可能存在以下几方面的风险。

第一，该 HRD 刚来公司，虽然她有权限来对这个项目作出决策，但是她一般不会自己就决定采购的事情。这里存在着她和她老板（公司的 CEO）之间的信任问题。

第二，大型企业的办事风格都是有一定的流程和规则的。比如，老板可以不做决策，但老板一定要事先知道这个决策，所以怎样和老板汇报这个事，也是朋友和客户要一起考虑的事情。

第三，针对此项业务，该客户以前有固定的供应商，若直接替换原定供应商，就会损害既得利益者。这在企业里会涉及一些敏感因素，这些因素也会让 HRD 慎重考虑。

上述 3 个问题如果不考虑清楚，明天当场签合同的难度很大。后来朋友说，知道了客户的预算，建议对方留一部分继续照顾原有供应商，然后自己还是要"逼"一下 HRD，希望尽快签下合同。

后面朋友给我反馈：HRD 和朋友的公司签了一个战略框架协议，但是还没有进入实质性的合同谈判。

六、跟踪很久的项目，关键人换了，怎么突破

这个项目是一个叫李建华的销售运作了一年的政府项目，前期虽然运作时间比较长，但是整体进展情况还算顺利。

在项目前期，李建华也和关键人夏科长确定好了走合同的流程，即先和夏科长确定好合同的内容，然后再由夏科长向主管局长汇报后再签约。

但是现在比较麻烦的是夏科长调走了，最近从二级部门调来了一个余副科长。余副科长目前的态度是对这个项目不想过多参与（因为他只是副科长），但是也不反对。

余副科长的意思是要等正科长上任后，还是由正科长来具体操办这个事。后来李建华也多次拜访过余副科长，余副科长后来也表明，这个事不是他不想帮忙，而是他不能越级处理，估计 1 ~ 2 个月后正科长就会上任。

后来果然由其他部门调来一位陈科长。陈科长以前和夏科长是同部门内的同事，二人关系一般。李建华自己去拜访过几次陈科长，也带自己的销售经理去拜访过。陈科长一直在有意拖延这个事，后来问了多次，总是说局长没有反馈意见，这个项目暂时不能走流程。

目前，李建华感到比较苦恼的是，如何突破和陈科长的关系？

其实，这个案例看似简单，里面却包含了复杂的关系，同时隐藏的风险也很高。

① 首先要明确局长的态度。局长是否对这个项目的合同已经认可，还是说局长不会管那么多，只要下面提交流程他就会批复。

② 陈科长刁难李建华的原因，最担心的是客户的组织内部出现问题，这个事就比较麻烦。

所以针对以上分析，具体制定出的销售策略如下：

① 李建华还是要先了解清楚，以上 2 点风险是否真实存在。

② 关键点还是要突破和陈科长的关系，还需把陈科长约出来谈这个事。

建议李建华，如果自己约不到陈科长，就要以公司领导的名义或者找第三方关系（熟悉陈科长的人）去约陈科长见面。

约出来以后明确两点：第一，和陈科长明确表示，这个项目已经开始走合同了，局长以前也表过态，这个项目一定要上马。第二，请陈科长帮忙推进这个事，并明确陈科长的个人诉求。

后来李建华反馈，这个项目的合同已经签了，还是找陈科长的大学同学帮的忙。签约以后李建华和陈科长关系也逐渐好了起来。

七、初期项目是由你运作的，目前却面临对项目失去控制的局面

以前公司的一位同事来电话，问了我一个问题。

他运作一个大项目有半年了，眼看最近开始招（投）标了（基本是围标，围标公司都已经找好），没想到节外生枝，半路"杀"出来一个强有力的竞争对手，并且对手和客户某高层有着非常密切的关系。

这位同事的具体担心主要有以下两个方面。

第一，这个项目其实最后会涉及客户高层人员内部之间的关系。支持我方的高层虽然和支持竞争对手的高层级别相同，但是资历方面不如支持竞争对手的高层。

第二，担心对手凭借低价中标，如果竞争对手的价格很低，也会给我方造成很大麻烦。

针对这位同事所担心的具体情况，我们给出形势分析如下。

关键人当中，中层的部门领导基本支持我方，但不排除基层使用人员（也在项目组中）有倾向于竞争对手的可能。所以，虽然我方能参与编写招标书，但不排除被提前泄密的可能性。

我们在分析后制定出 4 条具体策略：

① 评分机制中，设计出偏离平均分值的扣分原则，防止竞争对手最后以低价中标。

② 招标需求中，要设定好符合我方产品的技术参数，并且要具有排他性。

③ 准备两套招标参数方案，第一套参数不做明显设定，但第二套参数须有排他性，并且为了防止竞争对手对客户过度承诺，可增加产品测试环节。

和项目负责人提前沟通好：招标前期需求参数不设防。

发标前一天将招标参数改成第二套，不给竞争对手过多准备时间。

④ 放出烟幕弹迷惑对手：比如，这个项目志在必得，再低的价格也要保证中标。

八、为什么跟单后期总被淘汰，挑战者的销售策略如何制定

一个做销售总监的朋友在微信里和我沟通了几个与销售有关的

问题，目前碰到的问题之一是销售在跟单的后期很容易被淘汰。

这也是他们最近碰到的最大问题，这个问题不解决会严重影响销售的信心。

在和这位朋友沟通之后了解到的情况大致是这样的：

①（朋友的）公司成立不久，处于挑战者的位置。

②产品和竞品比，前者的功能没有竞品覆盖范围广。

③销售人员以新手居多，初级销售多，只有2个中级销售。

④5万元左右的项目赢单概率还可以，10万元以上的项目基本没赢过。

分析原因如下：

第一，目前公司成立时间不长，己方产品和竞品比较，没有找到有别于竞品的差异化优势。差异化优势的缺失会使销售人员碰到竞争时感觉缺少销售工具，处于不利地位。

第二，己方产品的功能只解决部门级单个业务的应用，而经常会在项目竞标中碰到的两家竞争对手的产品却可以满足部门级整体业务的应用。这样竞争对手如果采用扩大需求的策略，己方很容易被淘汰。

第三，5万元左右的项目赢单概率高，是因为面对的基本上是小B型客户，决策层级简单，费用出处简单。而10万元以上的项目客户属于中大客户，从销售能力层面讲，竞争对手也会派能力强的销售人员去跟单，同时竞争对手也会更重视，所以竞争压力会加大。

第四，跟单后期丢单的大都是10万元以上的订单，这里有销售能力的问题也有客户考虑风险后的决策问题。

分析完具体原因后，我们一起制定了5个策略来缓解目前的情况。

策略一：整理出己方产品的差异化优势，让销售拥有强有力的销售工具。

策略二：面对中大型项目客户，销售负责约访和了解信息，具体策略和获得竞争优势主要由销售总监来完成。

策略三：提升销售能力，尽快培养出合格的中级销售，以缓解销售总监的压力。

策略四：10万元以上的项目要增强销售人员拜访高层的能力，需要快速地见到决策人并对其产生影响，不给竞争对手过多的时间去影响决策层。

策略五：20万元以上的项目，注意己方资源（专家或者高管）和客户决策人的对接。